1週間で勝手に痩せていく体になるすごい方法

栗原クリニック 東京・日本橋院長
栗原 毅

日本文芸社

はじめに

「そんなに食べていないのに、やせないんです」

そうおっしゃる方がたくさんいらっしゃいます。なぜなのでしょうか？

それは、本当に正しい食生活をご存じないからです。間違った食べ物を間違った食べ方で食べていたら、当然、いくら頑張ってもやせません。そうこうするうちに、「一体どうしたらやせるの？」と切実な悩みとなり、果ては脂肪肝のような病へと発展します。

本書では、1週間で「やせスイッチ」がオンになる、最強に「やせるプログラム」をお教えします。

プログラムはたったの5つ。歯を磨いて口の中をきれいにする。チョコレートを食べる。緑茶を飲む。糖質を一口分減らす。軽い運動をする。皆さんにとって、「続けやすく」かつ「効果が高い」方法を厳選しました。

「歯を磨くだけで本当にやせるの？」と思われることでしょう。しかし近年では、歯周病がいろいろな全身疾患を引き起こすことがわかり大きな話題となっています。口腔内ケアによって歯周病を予防することで体重が減っていく。これは〝ウソのようなホントの話〟なのです。何だかやってみたくなりませんか？

チョコレートや緑茶でやせるのも驚きでしょう。でも、どちらも真実です。カカオ含有量70%以上の高カカオチョコレートを食前にとると、糖質の吸収が緩やかになって太りにくくなります。また、緑茶に含まれる「茶カテキン」も脂肪を燃焼させる効果があると、最近の研究でわかってきました。

こんなラクな方法なら容易に実行できそうですが、継続することは案外難しいのです。ですから、まずは1週間頑張ってみましょう。きっと、皆さんの体の中の「やせスイッチ」がオンになり、勝手にやせていく体が手に入るはずです。

私がお伝えしたいのは「誰でも簡単に健康的にやせることができる」ということ。本書を通じて、皆さんが無理なく、やせ体質に変わることができたら望外の喜びです。

栗原クリニック東京・日本橋院長

栗原 毅

やせていく体になるすごい方法

ちょっとした生活習慣の改善で、根本からやせ体質に変わっていきましょう。

今までやせられなかったのは
やせない原因をとり除けていなかったから！

体を
動かしていないから
運動をしよう

食べ過ぎているから
カロリーを
制限しよう

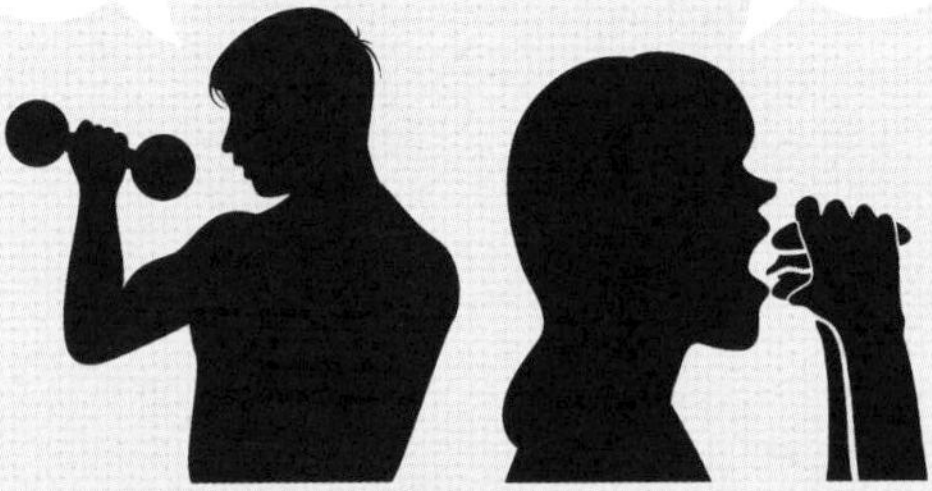

やせられない根本の原因を知らずに
1つの方法だけでやせようとする

↓ その結果

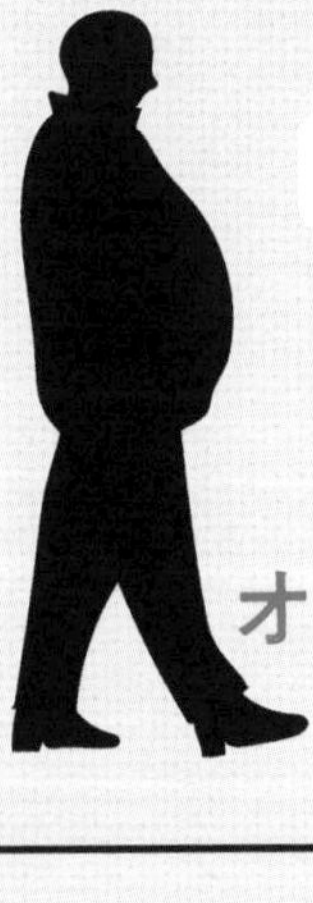

ダイエットしても効果が感じられない……

すぐにリバウンドしてしまう……

それは全て「やせスイッチ」が
オンになっていなかったのが原因！

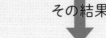

1週間で勝手に

これまでダイエットがうまくいかなかったのは、やせない原因をとり除けていなかったから!

「やせスイッチ」がオンにならなかった理由は
肝臓に脂肪がたまった「脂肪肝」だった

日本人の
約3人に1人!

自覚症状
なし!

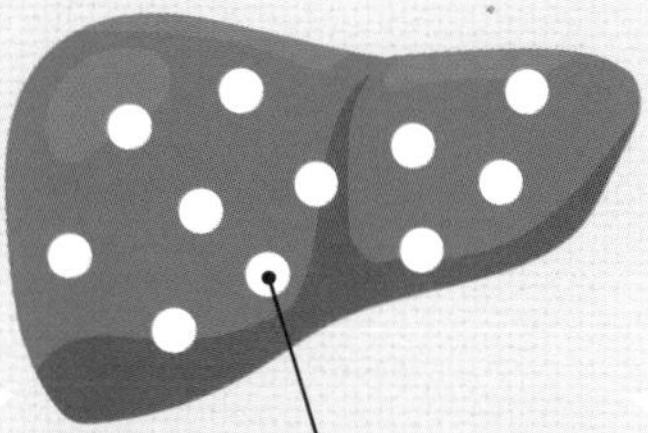

お酒を
飲まなくても
なる!

性別は
関係なし!

中性脂肪が 20%以上

脂肪肝の状態だと……

脂質や糖質の代謝力ダウン → 脂肪をため込み続ける → 永遠にやせられない体に

→脂肪肝かどうかはP.38でチェック!

脂肪肝は
ちょっとした生活習慣の工夫で改善できる!

歯を磨く

チョコレートを食べる

緑茶を飲む

など

1週間あれば「やせスイッチ」がオンになって
勝手にやせていく体に!

ENTS

CONT

PART 3

内臓脂肪の名医が教える新常識③

みるみる体が変わる! 最強にやせる食べ方

CONT

PART
4

内臓脂肪の名医が教える新常識④

適度な運動がやせ体質を加速させる

名医が教える オンになる最強プログラム

5つのやせるプログラムを1週間実践して、やせていく体を手に入れましょう。

やせるプログラム 1

歯を磨いて口の中をきれいにする

歯周病を治すことがやせるための第一歩

口には様々な細菌が存在しており、口から侵入した細菌は全身の健康に影響を及ぼします。特に歯周病菌は血糖値をコントロールするインスリンの働きを阻害し、肝臓の中性脂肪を増やす原因となります。

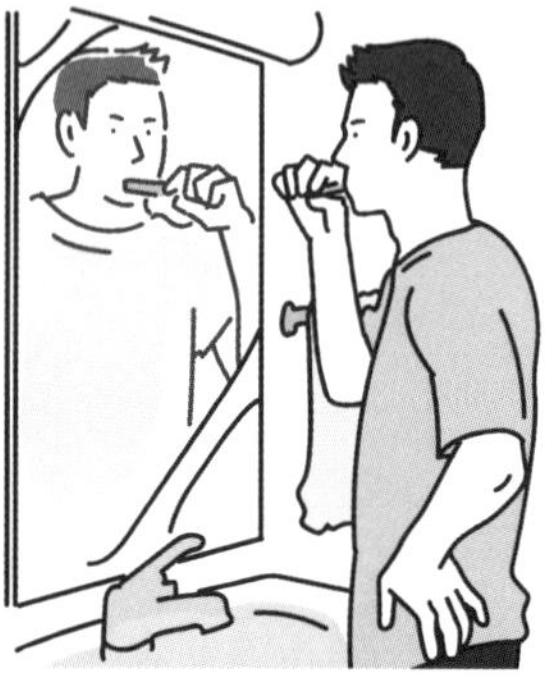

やせるプログラム 2

高カカオチョコレートを食べる

血糖値の上昇を抑え糖の吸収を緩やかにする

カカオ含有量70％以上の高カカオチョコレートにはカカオポリフェノールが多く含まれ、血糖値の上昇を抑制します。食物繊維も豊富で、糖の吸収を緩やかにするだけでなく、腸内環境を整える効果もあります。

やせるプログラム 3

緑茶を飲む

飲むだけで脂肪を燃やす&増やさない

緑茶に含まれるポリフェノールの1つである茶カテキンには、脂肪燃焼を促す働きがあります。ペットボトルのお茶でも摂取できますが、市販品を選ぶ際は、健康成分が多い濃い緑茶を選びましょう。急須で緑茶をいれて茶葉まで食べると、さらにやせ効果が高まります。

内臓脂肪の1週間で「やせスイッチ」が

なかなかやせられなかった理由は「やせスイッチ」がオンになっていなかったから！

やせるプログラム 4

糖質をちょいオフする

糖質をいつもより一口分減らすだけでやせ体質に

糖質は脂肪の材料になるだけでなく、食べ過ぎると血糖値を上げ、脂肪をためやすい状態にしてしまいます。いつもの食事から糖質を一口分減らすだけで、脂肪をためにくい体に変えていくことができます。

やせるプログラム 5

軽い運動をする

簡単な運動で体の変化を加速させる

やせるために激しい運動は必要ありません。簡単な運動を毎日続けるほうが、やせ体質への近道です。筋肉量が多い下半身を中心に鍛えることで、効率よくやせスイッチをオンにできます。

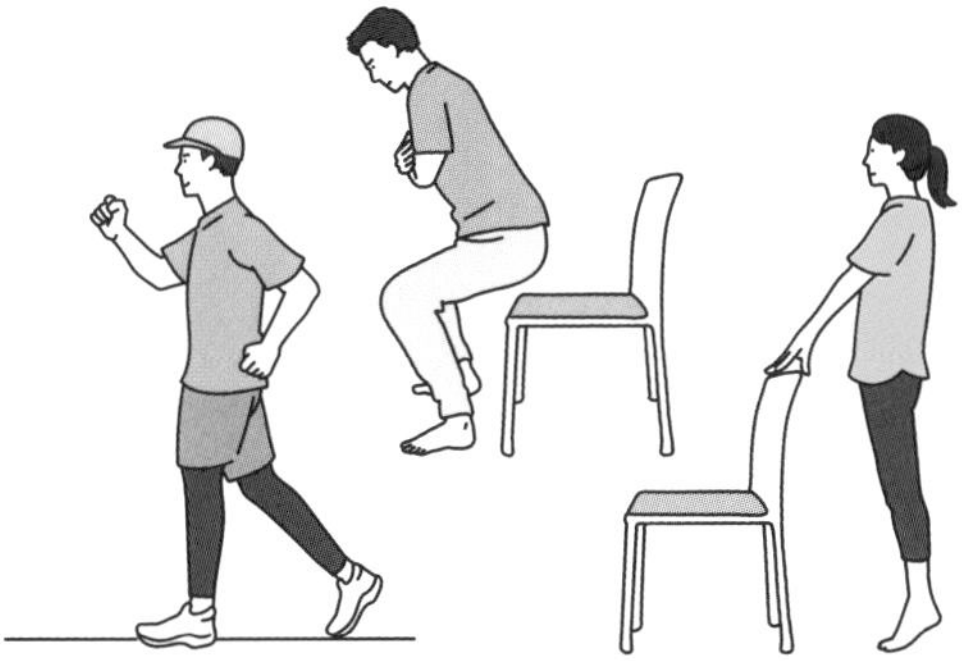

5つのやせるプログラムを実践すればやせられない原因だった脂肪肝が改善し1週間で「やせスイッチ」がオンになる!

やせる
プログラム
1

歯を磨いて 口の中をきれいにする

こんな効果がある!

- ☑歯周病菌や虫歯菌が体内に侵入するのを防ぐ
- ☑インスリンの働きを妨げる歯周病を予防
- ☑腸内環境を整えて代謝機能を上げる
- ☑糖尿病などの生活習慣病を改善する

など

口の中の健康は体の健康に直結します。歯周病菌や虫歯菌が歯茎から血管に侵入し、血液に運ばれて全身に影響を及ぼすからです。また歯周病が進むとインスリンの働きが妨げられ、肝臓に中性脂肪がたまって太りやすい体質に。日頃から正しく口の中をケアすることが大切です。

CHECK

歯磨きは
朝起きてすぐと
就寝直前は
必ず行う

CHECK

歯だけ
ではなく
舌も磨く

CHECK

起床後と
就寝前の
歯磨きは
5分以上かける

CHECK

目的に合わせて
歯磨き粉を
選ぶ

CHECK

定期的に
歯医者に
行く

≪ 詳しくはP.48へ!

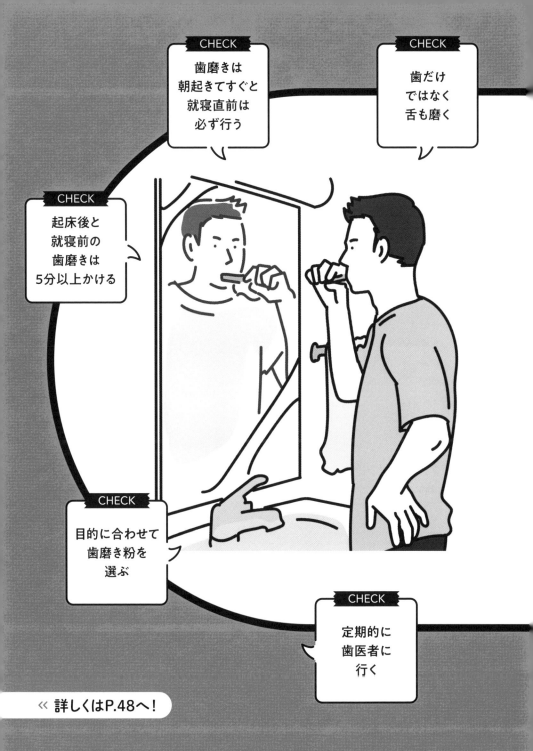

やせる
プログラム
2

高カカオチョコレートを食べる

こんな効果がある!

- ☑糖の吸収を緩やかにして血糖値の急上昇を防ぐ
- ☑豊富な食物繊維が腸内環境を改善
- ☑肝臓の活性酸素を除去して脂肪肝を予防
- ☑抗酸化作用で歯周病菌を減らす

など

カカオに含まれるカカオポリフェノールには抗酸化作用があり、肝臓の活性酸素を除去して脂肪肝を改善します。血糖値の上昇を緩やかにしたり、歯周病を予防するほか、リラックス効果も。これらの効果を十分得るには､カカオ含有量70%以上のチョコレートを食べるようにしましょう。

CHECK

1回5gを
1日3〜5回に
分けて食べる

CHECK

食べる
タイミングは
食前がベスト

CHECK

カカオ含有量
70%以上の
チョコレートを
食べる

CHECK

間食に
食べても
OK

CHECK

リラックス
効果で
ストレスを
緩和

« 詳しくはP.68へ！

やせる
プログラム
3

緑茶を飲む

こんな効果がある!

- ☑代謝を高め脂肪の燃焼を促す
- ☑糖の吸収を抑えて中性脂肪の合成を抑制
- ☑血圧や血糖値を改善する
- ☑抗酸化作用で免疫力を上げる

など

緑茶にはポリフェノールの一種の茶カテキンが豊富に含まれ、糖の吸収を抑えて中性脂肪の合成を抑制します。脂肪燃焼作用もあるのでやせるためにはベストな飲み物。免疫力を上げる成分も含み、温度によってその健康効果が変わります。茶葉からいれて飲むと、より効果的です。

CHECK

ペットボトルの
緑茶でもOK

CHECK

食前に
100ml程度
飲む

CHECK

1日に
500ml程度
飲む

CHECK

健康成分が多い
濃い緑茶を選ぶ

CHECK

茶葉まで
食べたら
効果絶大!

« 詳しくはP.74へ!

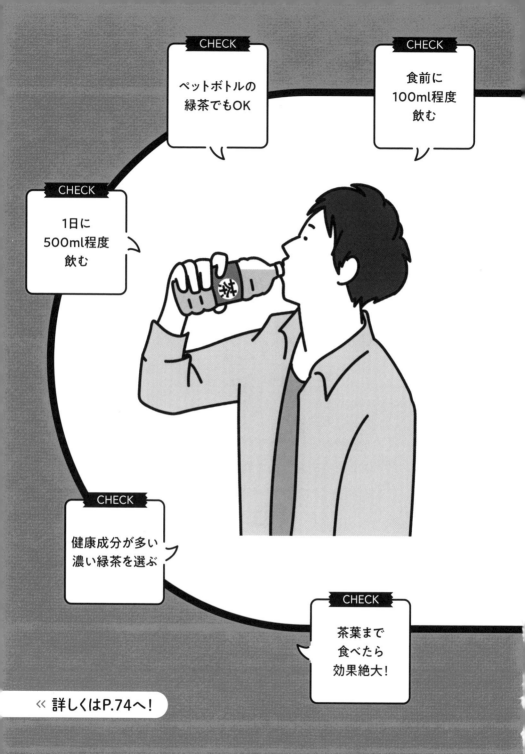

やせる
プログラム
4

糖質をちょいオフする

こんな効果がある!

- ☑脂肪がエネルギーとして消費されやすくなる
- ☑血糖値の上昇を抑えて脂肪をためにくい体にする
- ☑生活習慣病を予防し病気のリスクを減らす
- ☑健康的にやせられてリバウンドもなし

など

内臓脂肪の原因は高カロリーの食事ではなく、実は糖質。とり過ぎた糖質が血糖値を急上昇させて体に中性脂肪を蓄積させます。といっても活動のエネルギー源でもある糖質をゼロにする必要はなく、普段の食事から少し減らす程度でOK。ご飯なら１食に一口分減らすだけで効果あり。

CHECK

いつもの
食事の糖質を
一口分減らす

CHECK

ゆっくり
よく噛んで
食べる

CHECK

減らした分は
たんぱく質を
とる

CHECK

カロリーは
気にしなくて
OK

CHECK

食べる順番も
変えると
効果アップ!

« 詳しくはP.82へ!

やせる
プログラム
5

軽い

運動をする

こんな効果がある!

- ☑筋肉量が増え基礎代謝が上がる
- ☑体に負荷をかけずに体脂肪を燃焼できる
- ☑血流が改善して動脈硬化を予防
- ☑自律神経のバランスが整う

激しい運動は根気が必要なうえ、体に負担がかかるのでおすすめしません。むしろ軽い運動を長く続けるほうが効率的に脂肪を落とせます。ウォーキングのような誰でもできる有酸素運動がベスト。スクワットも筋肉量を増やし基礎代謝を上げるので、習慣にすると太りにくい体になります。

CHECK
メインで
鍛えるのは
下半身の筋肉
CHECK
電車内や
空き時間に
できる
簡単なものでOK
CHECK
激しい
運動は
必要なし
CHECK
しっかり
歩けば
運動になる
CHECK
無理なく
毎日
続ける

« 詳しくはP.108へ！

体になるための過ごし方

③緑茶を飲む、④糖質をちょいオフする、⑤軽い運動をする、
生活スタイルに合わせて、実践できるものから始めていきましょう。

仕事がある日の1日の過ごし方の例

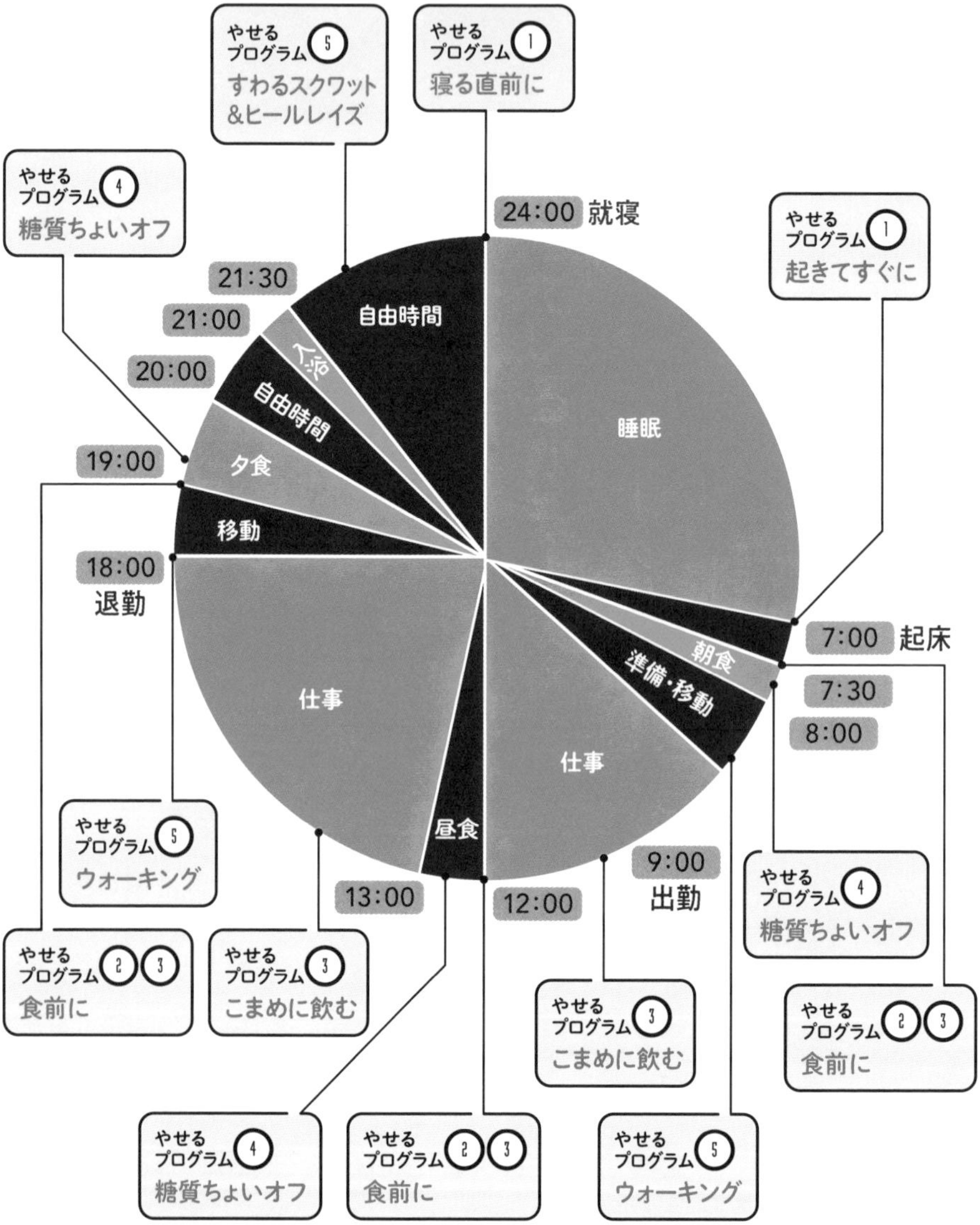

まずは7日間
実践!

1週間で勝手にやせる

①歯を磨いて口の中をきれいにする、②高カカオチョコレートを食べる、
この５つのやせるプログラムをとり入れた１日の過ごし方の例をご紹介します。

休日の1日の過ごし方の例

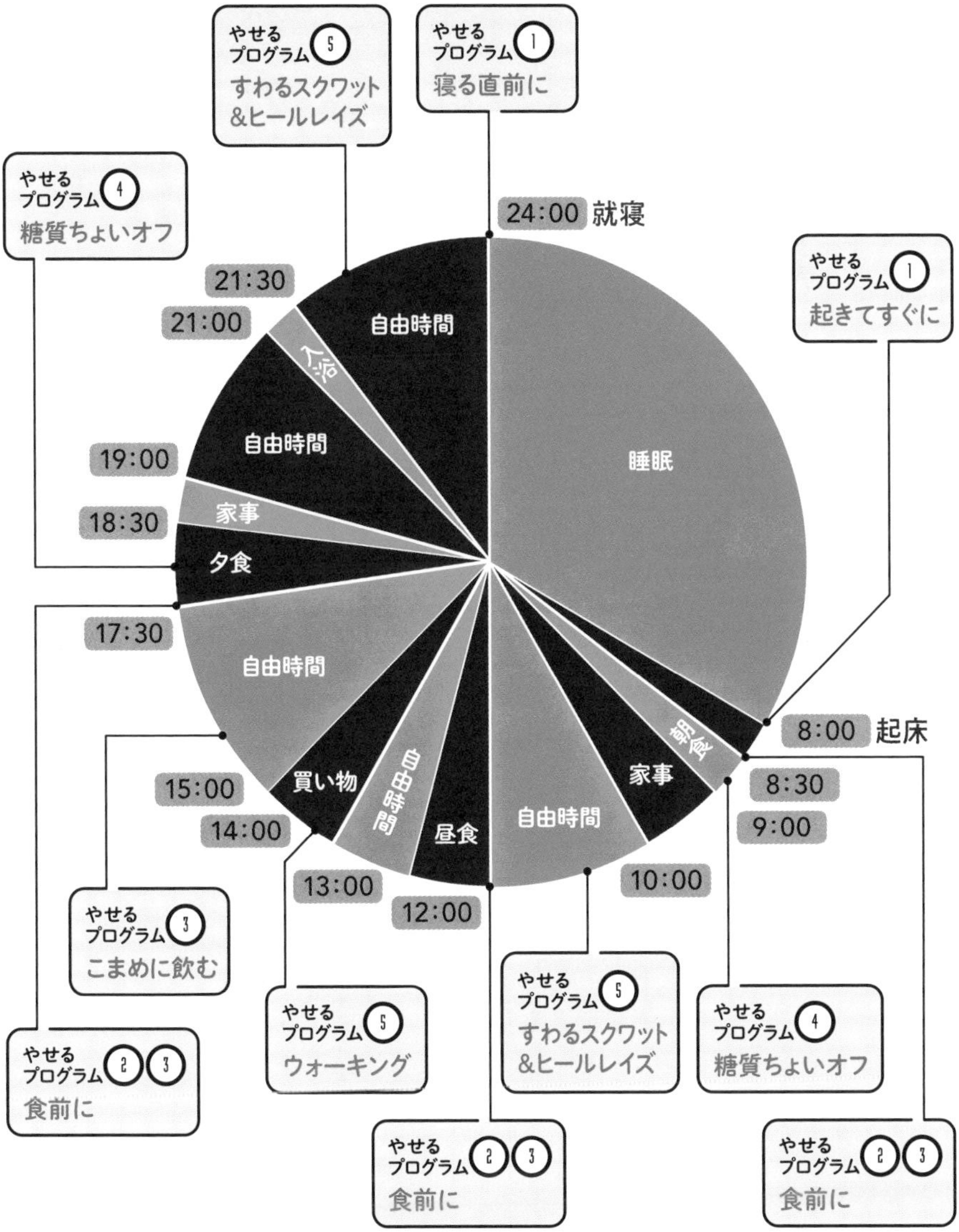

PART 1

い原因は
肝だった!

なかなかやせられない……、
ダイエットしているのにうまくいかない……。
その原因は、肝臓に脂肪がたまった
「脂肪肝」かもしれません。
やせ体質に変わるためには
まずは肝臓にたまった脂肪を減らして
健康な肝臓を手に入れることが重要です。

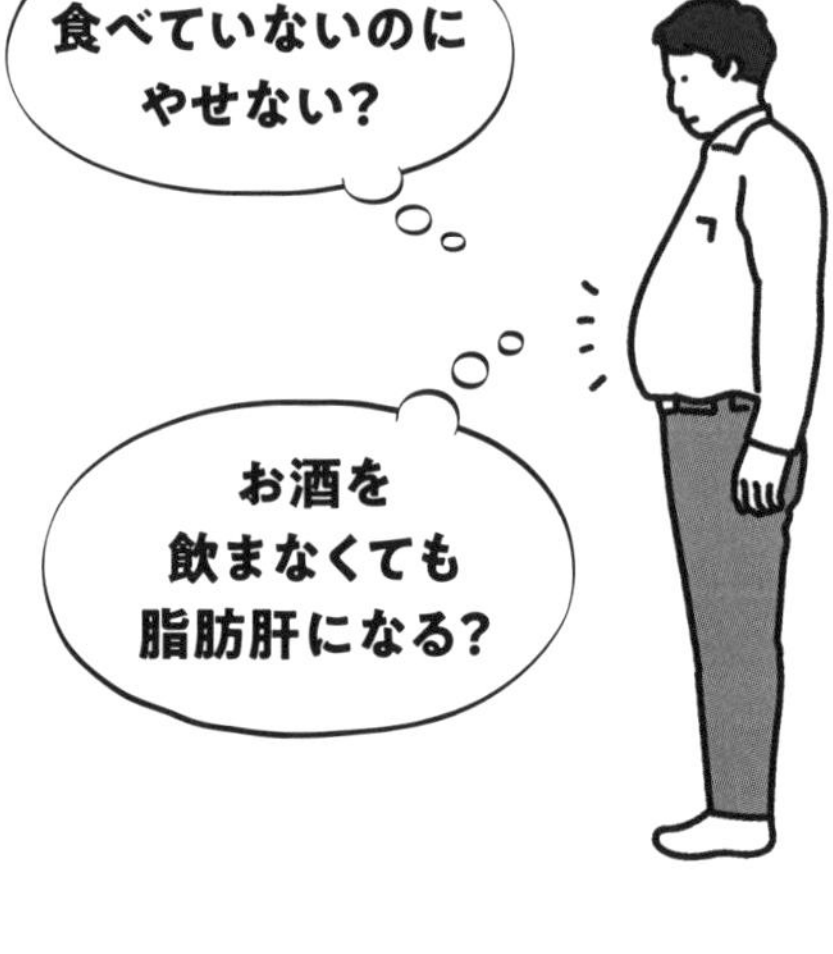
食べていないのに
やせない?
お酒を
飲まなくても
脂肪肝になる?

内臓脂肪の名医が教える新常識①

やせられな
脂肪

太った男性の
ほとんどが脂肪肝!?

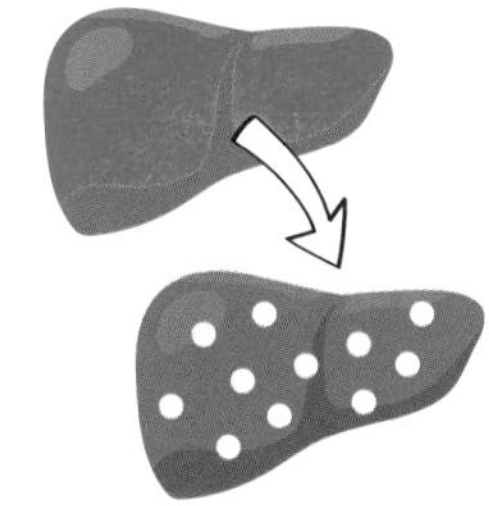

あなたもすでになっているかも！

日本人の約3人に1人が脂肪肝!?

努力しているのに
やせられない……
その原因は……
肝臓に脂肪がたまった
脂肪肝かも！

「脂肪肝」という言葉を耳にしたことはありますか？　これは、**肝臓に脂肪がたまって、フォアグラのようになってしまった状態**を指します。

健康診断や人間ドックなどで何となく言葉は知っていても、実際に危機感を抱いている人は少ないのではないでしょうか。でも、実際のところは**日本人の約3人に1人、推定で約4000万の人が脂肪肝**だといわれています。この脂肪肝こそが、やせられない原因になっているかもしれません。

脂肪肝はお酒の飲み過ぎ、いわゆるお

3つ以上あてはまったら脂肪肝の可能性大!

- □ お腹が出てきたと感じる
- □ 筋肉が衰えたと感じる
- □ 習慣にしている運動がない
- □ 口の中が乾いていると感じることがある
- □ 歯の手入れがおろそかになっている
- □ 食事は主食から手をつける
- □ ご飯を2膳以上食べる日が、週に5日以上ある
- □ 麺類を週に3回以上食べる
- □ ほぼ毎日、フルーツを食べる
- □ 味の濃いものが好き
- □ 食事にかける時間が10分以内のときがよくある
- □ 毎日お酒を飲む(1日のアルコール量が男性は40g以上、女性は20g以上)
- □ 夜、寝つきが悪いことがある
- □ 朝起きたとき、疲れがとれていないと感じることがある
- □ たばこを吸う
- □ 収縮期血圧(上の血圧)が130mmHg以上ある

酒好きの人がなる病気として知られていますが、実はお酒を全く飲まなくても脂肪肝にはなります。脂肪肝には2種類あり、**「糖質のとり過ぎ」によっても脂肪肝になってしまうのです。**なかでも日本人は、圧倒的にこのタイプが多いとされています。

ところが、多くの人は無自覚に糖質をとり過ぎ、脂肪肝の状態で生活を送っています。この状態だと**肝臓の機能がうまく働かず、ダイエットにとり組んでも脂肪を燃やす効果を十分に得られません。**

なかなかやせられない……と感じたら、まずは脂肪肝の疑いがあるかを上記のチェックリストで確認してみましょう。3つ以上あてはまれば脂肪肝の可能性があります。脂肪肝とは、性別や年齢に関係なく、意外となりやすいものなのです。

実はあまり知られていない!

そもそも肝臓ってどんな臓器?

肝臓は体の中で最も大きい臓器で、重さは体重の約2・5%、成人は1kg以上にもなります。

肝臓には、私たちの体に欠かせない重要な働きが主に3つあり、それが「栄養素の代謝」「胆汁の生成」「有害物質の解毒・分解」です。

まず、**肝臓は食べ物に含まれる栄養素を変換して蓄える働きがあり、これを代謝**といいます。例えば糖質なら、小腸で分解されたブドウ糖をグリコーゲンに合成して貯蔵。血中のブドウ糖が不足すると、再びもとの形に戻して放出します。

次に胆汁の生成ですが、**胆汁は主に脂肪とたんぱく質を分解しやすくする働き**があります。常に肝臓の中で分泌しており、胆のうに蓄えられ濃縮。食事などの刺激で胆のうが収縮すると、胆汁が十二指腸に流れこみ、最終的に体内から排泄されます。

最後に、有害物質の解毒・分解。アルコールを例に挙げますと、吐き気や頭痛、動悸といった原因のもととなる**有害物質のアセトアルデヒドに一度分解**。**さらに肝臓内にある酵素によって、無害な酢酸へと変換**してくれるのです。

肝臓は細胞の再生能力も高く、病気になっても自覚症状が出にくいことから「沈黙の臓器」といわれています。したがって、症状が出てからでは遅く、早期発見が大切。特に**肝臓の病気は脂肪肝から始まるといっても過言ではない**ので、肝臓に脂肪をためこまないよう心がけましょう。

肝臓は人体で最も大きい臓器

肝臓の3大機能

1 栄養素の代謝

食べ物に含まれる栄養素を分解・合成して、体で使える形に変化させたり、貯蔵する働きがあります。貯蔵したものは必要に応じて体内に送り出します。

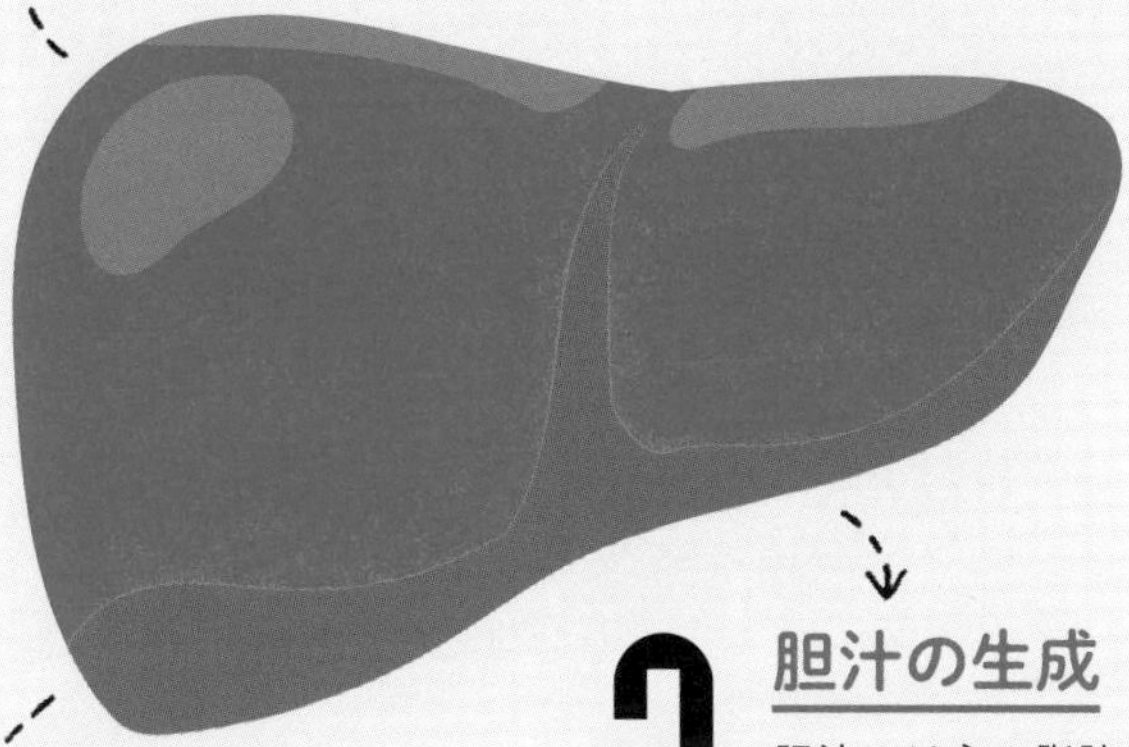

2 胆汁の生成

胆汁には主に脂肪やたんぱく質の消化を助け、肝臓内の不要な物質を排出する機能があります。胆汁は胆のうで蓄えられ、必要に応じて十二指腸に送り出されて分泌されます。

3 有害物質の解毒・分解

血中の有毒物質を無毒化する作用があり、アルコールの場合は「アセトアルデヒド」という有害物質に分解され、それを「酢酸」に変化させてから排出します。

肝臓は食べ物に含まれる栄養素を代謝したり
アルコールなどを分解したりする臓器。
つまり、肝臓が元気でないとやせられない！

やせられない理由はここにあった 脂肪肝って何？

脂肪肝の原因になる中性脂肪って?

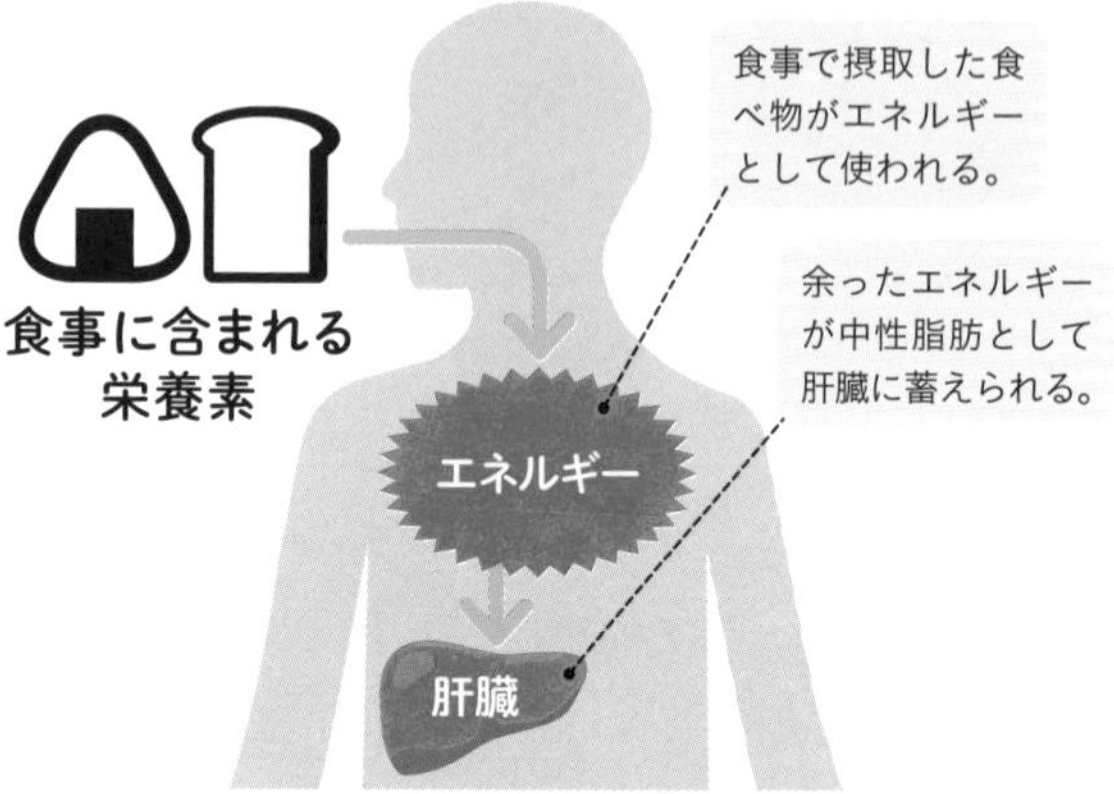
食事で摂取した食べ物がエネルギーとして使われる。
余ったエネルギーが中性脂肪として肝臓に蓄えられる。
食事に含まれる栄養素
エネルギー
肝臓

中性脂肪の特徴

- 余ったエネルギーが中性脂肪として蓄えられる
- エネルギー源（ブドウ糖）が不足した際に使用される
- 増え過ぎると脂肪肝や動脈硬化の原因になる

脂肪肝とは、ひとことでいうと肝臓に脂肪がたまり過ぎた状態。糖質過多の食事やアルコールの過剰摂取などで簡単に招いてしまう、いわば肝臓の現代病といっても過言ではありません。

肝臓につく脂肪は「中性脂肪」といい、主な働きは体を動かすときに使われるエネルギー源です。通常は肝臓に蓄えられており、体のエネルギー源であるブドウ糖が不足した際に、それを補うために用いられます。正常な肝臓には3～5％の中性脂肪がありますが、不摂生な生活が続くと、中性脂肪はみるみる増加。その

脂肪肝＝肝臓に中性脂肪がたまった状態

脂肪肝の場合

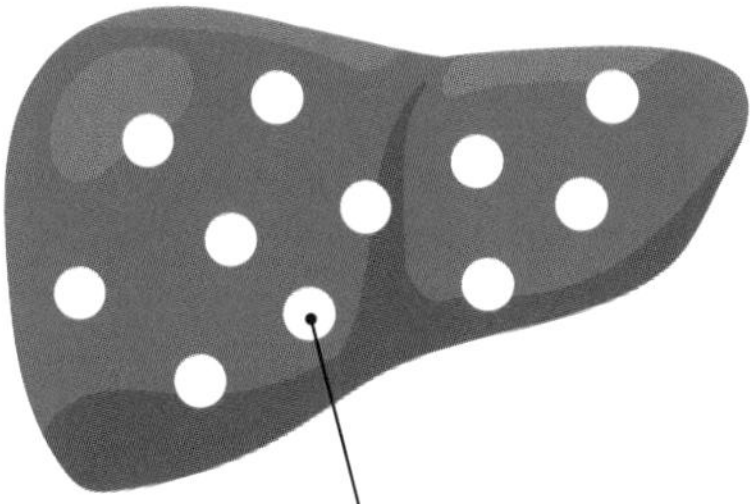

中性脂肪が20%以上

中性脂肪の蓄積限度を超えて太りやすくなる

肝臓の中性脂肪が20％を超えると肝細胞が炎症を起こして壊れ、中性脂肪が血液中に流出。これが脂肪として蓄えられると肥満に。

正常な肝臓の場合

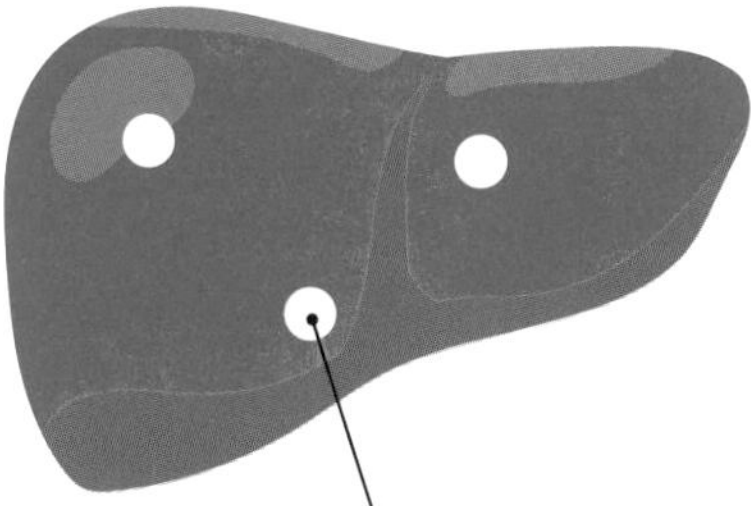

中性脂肪が3〜5%

栄養素を使いやすく変換して貯蔵

糖質などの栄養素を各器官で使える形（ブドウ糖など）に変換して、血液中に放出。余った糖質は中性脂肪として蓄えます。

結果、肝臓に中性脂肪が必要以上にたまり、20%を超えると脂肪肝と呼ばれる状態に突入するのです。

脂肪肝になると、肝臓の細胞の6割以上を占める「肝細胞」が炎症を起こして壊れてしまいます。すると、肝細胞内の中性脂肪が血液中にあふれ出し、体のあちこちに移動。この状態が続くと、お腹や脚、腕などに脂肪として蓄積され、肥満へと繋がってしまうのです。もっとひどい場合には、血液がドロドロになって動脈硬化を引き起こすなど、病気のリスクも高まります。

このように、肝臓に脂肪がたまると肥満の進行に加え、健康への被害ももたらします。やせるだけでなく、健やかな体をつくるためにも、余分な中性脂肪を減らして脂肪肝を改善しましょう。

やせるための代謝機能も劇的に下がる!?

脂肪肝を治せば勝手にやせていく体に!

肝臓が元気でなければやせられない!

脂肪肝の場合

×

肥満のもととなる中性脂肪が血液中に放出されてしまう

×

アルコールの分解や糖の代謝機能がうまく働かない

元気な肝臓の場合

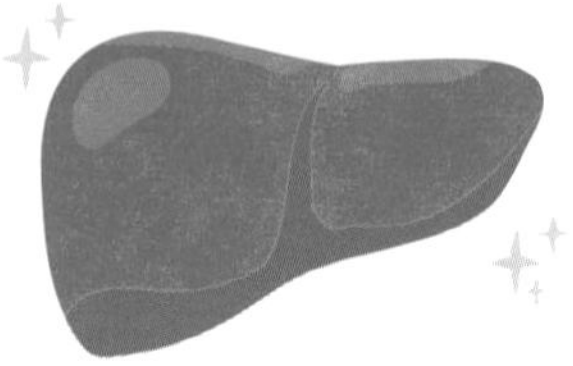

○

余分な中性脂肪が血中に放出されず必要なものを蓄える

○

アルコールの分解や糖の代謝がしっかり行われる

脂肪肝を改善すればやせ体質に変わっていく!

肝臓に中性脂肪がたまると脂肪肝になり、血液中にあふれ出た中性脂肪が体内に脂肪として蓄積されていくことは先にお伝えした通りですが、問題はそれだけではありません。

脂肪肝になると肝機能が低下して、アルコールの分解や糖を代謝する働きが悪くなってしまいます。また、血糖値を安定させる働きも低下してしまい、余計に脂肪が蓄積しやすい体に。この状態ではいくらダイエットをしても十分な効果を得られません。つまり、肝臓が健康でなければやせることはできないのです。

脂肪肝は自覚症状がない!

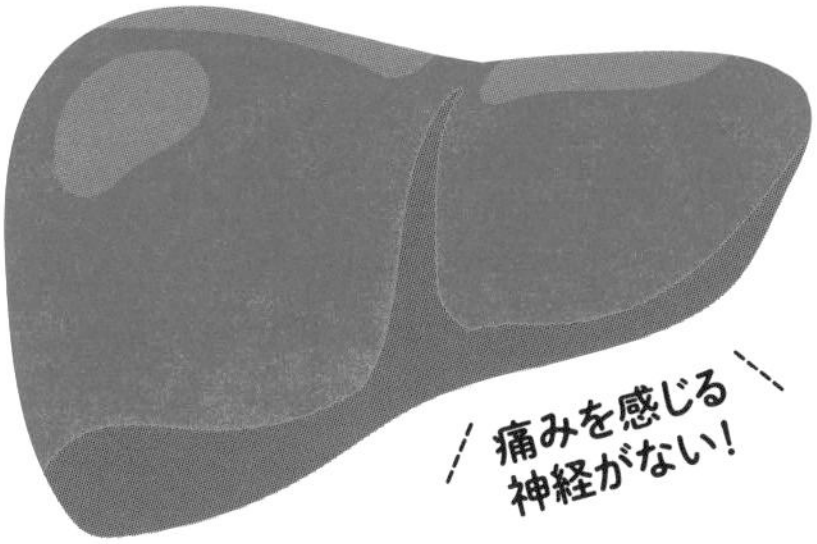

自覚症状がないから気がつかない間に進行してしまう

肝臓には痛みを感じる神経がないため、ダメージを受けても全く気がつかず、知らぬ間に症状が進行します。

気がついたころには手遅れ!?

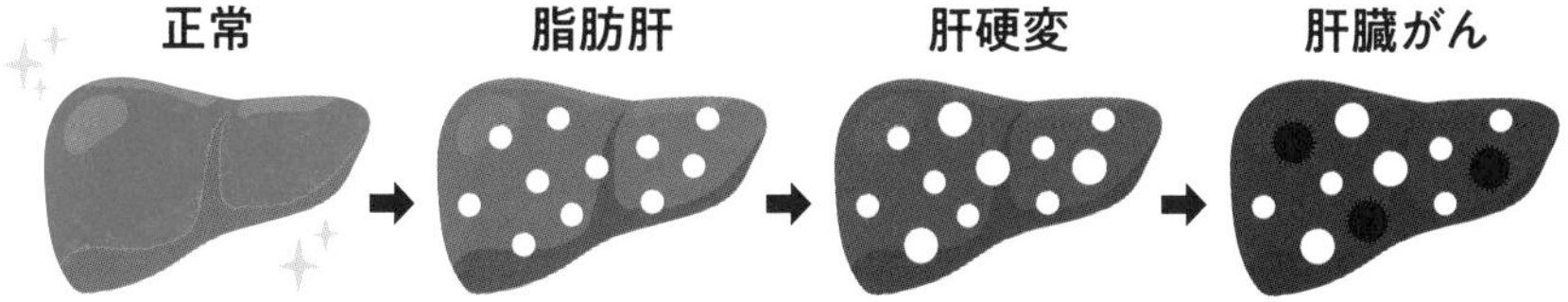

脂肪肝〜肝硬変へ移行する過程では、ほとんど自覚症状がありません。肝硬変初期に倦怠感を感じる程度。黄疸や腹水といった明らかな症状が出るのは肝硬変中期以降です。

ちなみに、肝臓の中性脂肪の割合が20%を超えた状態であっても、はっきりと自覚できる症状はありません。これが脂肪肝の特徴の1つでもあり、怖いところでもありますが、もともと肝臓には痛みなどを感じる神経がないため、ダメージがあっても症状にはなかなか現れないのです。この特徴により、多くの人が脂肪肝になっているのに気づかないままダイエットを行い、結局失敗してしまう事態に。やせるためには、脂肪肝というもとの原因を絶つことが重要なのです。

脂肪肝を放置するとやせられないだけでなく、知らぬ間に肝硬変や、さらに悪化すると肝臓がんにまで進展してしまうケースも。早いうちに脂肪肝に気づき改善することが、唯一の道だということを覚えておきましょう。

原因はアルコールだけじゃない!?
お酒を飲まなくても脂肪肝になる！

お酒の飲み過ぎだけが脂肪肝の原因ではありません。先に述べたように、**脂肪肝にはアルコールの飲み過ぎでなる場合と、お酒を飲まなくても糖質のとり過ぎでなる場合の2通りがあります。**

糖質のとり過ぎでなる脂肪肝を「非アルコール性脂肪性肝疾患（NAFLD）」といい、日本人に多いのがこのタイプ。**肝臓は糖質を必要な栄養素に変換する機能がありますが、糖質をとり過ぎると余分な糖が中性脂肪として蓄積され脂肪肝となります。**

また、非アルコール性脂肪性肝疾患には、症状が軽くて改善しやすい「単純性脂肪肝（NAFL）」と、重症化しやすい「非アルコール性脂肪肝炎（NASH）」の2つがあります。非アルコール性脂肪肝炎は放置すると肝硬変、肝臓がんに進行する深刻なもので、糖質のとり過ぎでなる脂肪肝の1～2割がこれに相当するといわれています。

もちろん、アルコールの飲み過ぎからなる脂肪肝もあります。個人差はありますが、目安として、毎日3合以上の日本酒を5年以上飲んでいる人は、アルコール性脂肪肝を発症する可能性が高まるといわれています。長期的な大量の飲酒は、肝臓の働きに異常を生じさせ、中性脂肪をため込んでしまうのです。このアルコール性脂肪肝も、比較的治りやすい軽症タイプと、「アルコール性脂肪肝炎（ASH）」という重症タイプがあり、後者は放置すると命に関わる危険性があります。

脂肪肝には大きく2種類がある！

脂肪肝

アルコールの過剰摂取が原因

糖質の過剰摂取が原因

アルコール性脂肪肝

アルコールの飲み過ぎが原因でなる脂肪肝のうち、比較的軽症のもの。

非アルコール性脂肪性肝疾患（NAFLD）

アルコールを原因とせず、肥満、糖尿病などを伴うことが多い。

アルコール性脂肪肝炎（ASH）

肝硬変や肝臓がんに進展する可能性があり、放置すると危険なタイプ。

単純性脂肪肝（NAFL）

糖質のとり過ぎが原因でなる脂肪肝で、症状が軽く、改善しやすい。

非アルコール性脂肪肝炎（NASH）

非アルコール性脂肪性肝疾患のうち、１～２割が重症タイプにあたる。

食べなければいいわけじゃない！

ダイエットのし過ぎでも脂肪肝になる！

糖質のとり過ぎで脂肪肝になるなら、全く糖質をとらないほうがよいのでしょうか？　実は、糖質を厳しく制限するような過度なダイエットをすると、逆に脂肪肝を招いてしまうことがわかっています。それが「低栄養性脂肪肝」です。

例えば、ほとんど糖質を摂取しないような食生活を送っていると、エネルギー源として肝臓に蓄えられている中性脂肪が極端に減ってしまいます。私たちは通常、少しくらい食事を抜いても活動できますが、それは体内の中性脂肪がエネルギー不足を補ってくれるから。つまり、**中性脂肪は重要な非常用のエネルギーなのです。それが不足すると体が飢餓状態だと勘違いし、体を守ろうとして体中の中性脂肪を肝臓に送るように働きかけます。その結果、肝臓に全身の脂肪が集まり脂肪肝になるのです。**

また最近の研究では、たんぱく質が不足するとホルモンバランスが崩れ、栄養素を代謝する機能が低下し、脂肪をため込みやすい体になるということもわかってきました。まだ完全に解明されたわけではありませんが、極端な食事制限が脂肪肝の原因となることは間違いありません。

理想的な食事のとり方についてはP．80～91で詳しく解説しますが、脂肪肝を改善してやせるためにはバランスのとれた食事を適量とることが大切です。むやみに糖質や食事量を減らす行為は、かえって健康を害する恐れがあります。

過度なダイエットで「低栄養性脂肪肝」に

必要な栄養素を十分に摂取していない

過度な食事制限をすると、体に必要な栄養素が不足し、全体の栄養バランスが崩れることに。特にたんぱく質、糖質が不足すると、体の様々な機能に乱れが生じます。

↓

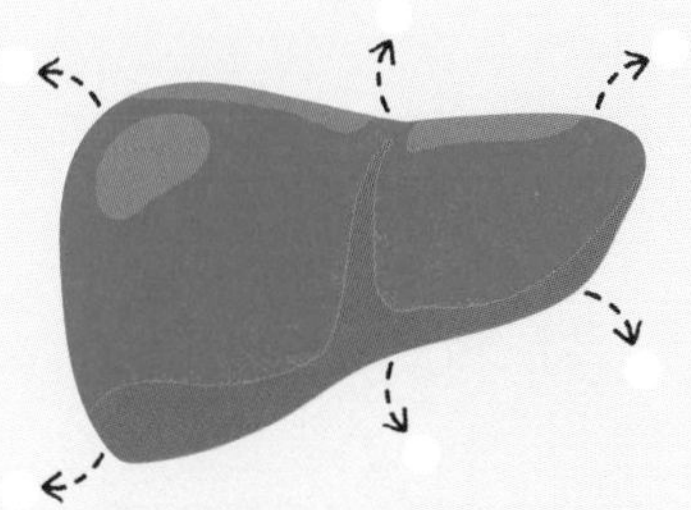

体が飢餓状態だと感じてしまう

糖質が不足すると肝臓に蓄えた中性脂肪が極端に減り、活動に必要なエネルギーの備蓄までなくなります。また、低たんぱく質状態が続くとホルモンバランスが崩れ、代謝機能にも悪影響が。

↓

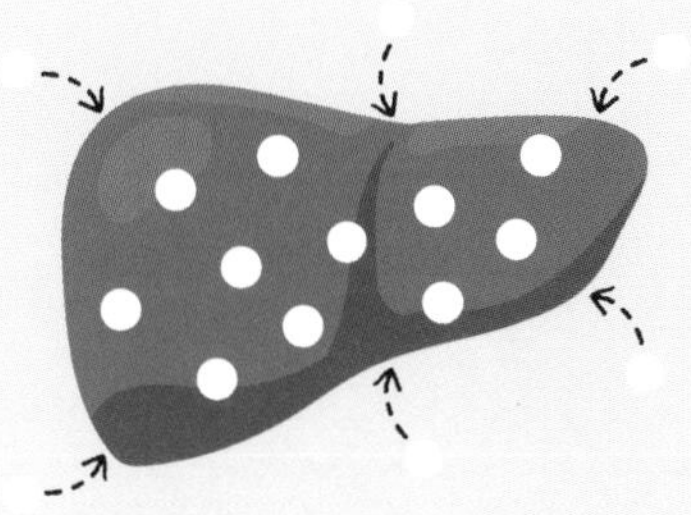

中性脂肪をため込み脂肪肝になる

エネルギー不足を飢餓状態だと体が勘違いし、肝臓にエネルギー源となる中性脂肪を補充するため、体中の中性脂肪が肝臓へ送られます。その結果、肝臓に脂肪が集中し脂肪肝に。

栄養不足の状態でも脂肪肝になってしまう！

数値でチェックしよう！

「肝機能検査」で脂肪肝がわかる！

肝臓におけるたんぱく質の代謝に関わる３つの酵素の数値を調べることで、脂肪肝の疑いがあるかどうかが簡単にわかります。

両方が16U／Lを超えたら脂肪肝！

ALT（GPT）

【一般的な基準値】10〜30U ／ L

【理想値】5〜16U ／ L

アミノ酸をつくるときに使われる酵素で、糖質をとり過ぎると最初にこの数値が上がります。肝細胞が破壊されると血中に放出されるため、数値が高いと脂肪肝が進行している可能性があります。

AST（GOT）

【一般的な基準値】10〜30U ／ L

【理想値】5〜16U ／ L

アミノ酸をつくるときに使われる酵素で、肝臓や筋肉に多く含まれています。肝臓だけでなく、筋肉が破壊されたときにも数値が上がるため、ALT の数値との比較で脂肪肝かどうかを見ます。

＋

この数値にも注目！

γ-GTP

【基準値】男性:10〜50U ／ L　女性:10〜30U ／ L

肝臓や胆道に異常があると数値が上昇します。アルコール性肝障害の目安とされていますが、糖質のとり過ぎやストレスによっても比較的容易に数値は上がります。

脂肪肝は自覚症状なし！

脂肪肝でALTとASTの数値が高くなる仕組み

正常な肝臓の場合

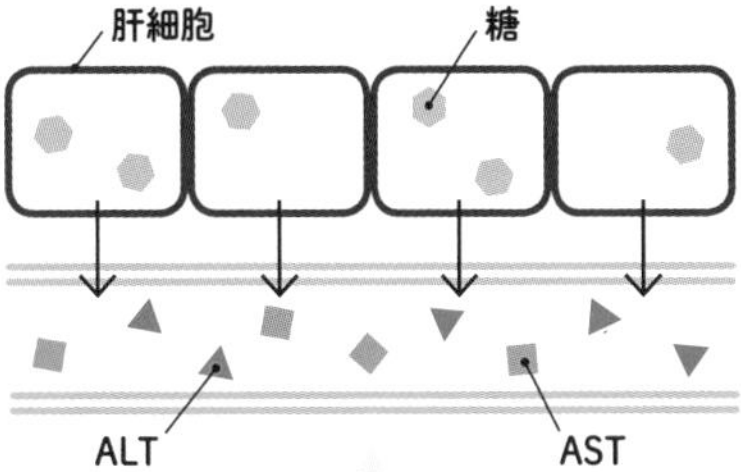

正常時も一定量のALTやASTが血液中を流れていますが、基準値内であれば問題ありません。

脂肪肝の場合

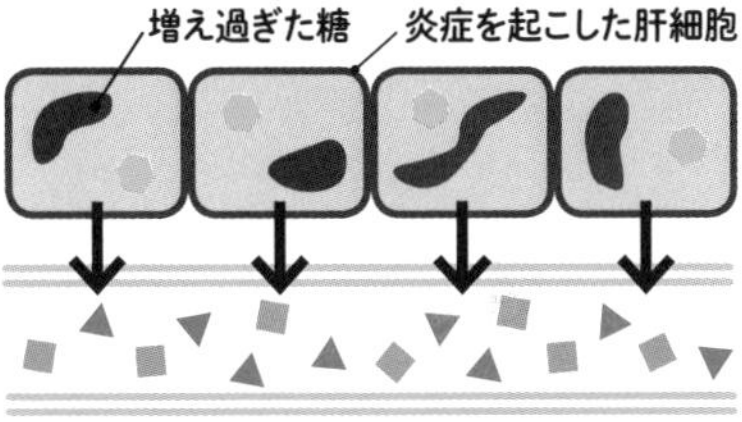

炎症により肝細胞が壊れ、ALTとASTが血液に染み出すことで、ALTまたは両方の量が過剰に。

数値の比較でわかること

ALTとASTの両方が16U／Lを超えた場合 ➡ 脂肪肝の可能性大

さらに

ALT>ASTの場合 ➡ 非アルコール性の脂肪肝の可能性大

ALT<AST もしくはγ-GTPが高い場合 ➡ アルコール性の脂肪肝の可能性大

確率はほぼ100%!? BMI25以上なら脂肪肝の可能性大

男性で肥満の人はほぼ100%脂肪肝!?

男性につきやすい脂肪

＝

内臓脂肪

男性にたまりやすい脂肪で、増えるとりんご型肥満に。肝臓の細胞の中にもたまってしまうので危険度が高い脂肪です。

女性につきやすい脂肪

＝

皮下脂肪

女性にたまりやすい脂肪で、皮下組織に蓄積されます。見た目に表れやすいけれど、内臓には影響せず危険度は低め。

⬇

内臓脂肪型の肥満の人はすでに肝臓にも脂肪がたまっている可能性が高い！

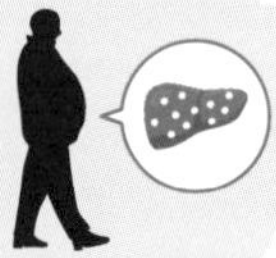

肝機能の数値を調べる以外にも、脂肪肝の目安となるものがあります。それが、**成人の肥満度を表す指標として国際的に用いられる「ＢＭＩ（ボディマス指数）」**です。

ＢＭＩは体重と身長から算出する簡単な計算式で、ＷＨＯ（世界保健機関）の国際的な基準によると、ＢＭＩ25以上が過体重、30以上が肥満とされています。しかし、肥満の判定基準は国ごとに異なり、日本肥満学会の定めた基準では18・5未満が「低体重」、18・5以上25未満が「普通体重」。そして、25以上が「肥満」

身長と体重で あなたの肥満度をチェックしよう

BMIの算出方法

BMI＝体重(kg)÷身長(m)÷身長(m)

**40歳、体重80kg、
身長170cmの人の場合
80(kg)÷1.7(m)÷1.7(m)＝27.68**

BMIって何？

体重と身長から算出される肥満度を表す体格指数。40歳、体重 80kg、身長 170cmなら、左記のような計算で 27.68 ＝肥満（1 度）となります。

BMIの目安

年齢	低体重（やせ）	普通体重	肥満（1度）	肥満（2度以上）
18 ～ 49 歳	18.5 未満	18.5 ～ 24.9	25 ～ 29.9	30 以上
50 ～ 64 歳	20 未満	20 ～ 24.9	25 ～ 29.9	30 以上
65 歳以上	21.5 未満	21.5 ～ 24.9	25 ～ 29.9	30 以上

出典：厚生労働省「日本人の食事摂取基準（2020年版）」をもとに作成。

となり、肥満はその度合いによってさらに「肥満（1度）」から「肥満（4度）」に分類されています。

脂肪肝は中性脂肪が肝臓に多くつき過ぎた状態のこと。つまり、**BMI25以上の肥満の人は、脂肪肝の可能性が大。特に男性の場合なら、ほぼ100%が脂肪肝**だといっていいでしょう。

このように、BMIは脂肪肝かどうかの指標にもなりますが、BMIから算出される理想体重はBMIが22になるときとされています。ただ、筋肉や脂肪量などに個人差があり、決して正確な値とはいえません。そこで、肝臓内の脂肪はALTが16U／L以下であれば蓄積されていない状態とされているので、**ALT16U／L以下時点の体重が、その人の理想体重である**と考えるのがよいでしょう。

脂肪のタイプのよって違う！

自分に合ったやせスイッチの入れ方

やせるためには体脂肪のもとである中性脂肪を落とさなくてはなりませんが、これにはコツがあります。その**コツさえ押さえれば、意外とラクにやせられるのです。**では、コツとは何か？　それが、P.10～23でご紹介した「やせるプログラム」です。これを行うことによって、体の中でカチッと「やせスイッチ」が入ります。まずは、このやせスイッチをオンにすることから始めましょう。

やせスイッチは、脂肪のタイプによって入るタイミングが異なります。先述でも触れましたが、肥満には内臓脂肪型と皮下脂肪型があります。内臓脂肪型の肥満は男性に多く、BMI25以上の男性ならほとんどの場合、すでに脂肪肝になっていると考えてよいでしょう。けれども、内臓脂肪は「比較的落としやすい」という特徴があります。ですから、**やせるプログラムを1週間実践すれば、簡単にやせスイッチを入れることができ、内臓脂肪を減らすだけでなく、脂肪肝の改善にまで繋げることができます。**

問題は、女性に多い皮下脂肪型の肥満。こちらは皮膚の下にたまる脂肪なので内臓には影響しませんが、「落としにくい」という特徴があります。つまり、なかなかやせスイッチが入りにくいタイプなのです。やせるプログラムをしっかりと継続していき、8セット以上繰り返した頃には効果を実感できるでしょう。特に難しいことはないので習慣にして、気楽に続けることが大切です。

脂肪のタイプによって やせスイッチが入るタイミングが異なる

お腹のお肉を指でつまめるか

つまめる

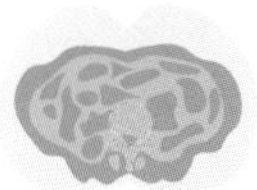

＝

皮下脂肪型

女性に多く見られ、指でつまめるのが特徴。皮膚の下につく脂肪なので、内臓には影響がなく比較的危険度は低い脂肪です。ただし、一度ついてしまうと落としにくいので要注意。

↓

やせスイッチがオンになるまでに時間がかかる

皮下脂肪は落としにくいのが特徴で、やせスイッチも入るまでに時間がかかります。やせスイッチを入れるには、8セット以上（2ヵ月以上）を目安にやせるプログラムを続けましょう。

つまめない

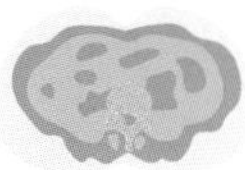

＝

内臓脂肪型

一般的に男性に多く、指でつまむことができません。内臓の周囲につく脂肪のため、このタイプの人は脂肪肝の可能性も高くなります。比較的落としやすい脂肪でもあります。

↓

やせるプログラムでやせスイッチがオンに

内臓脂肪は比較的落としやすいので、やせスイッチも入りやすくなります。やせるプログラムを一度実践すれば、やせスイッチがオンになり、脂肪肝の改善にも繋がります。

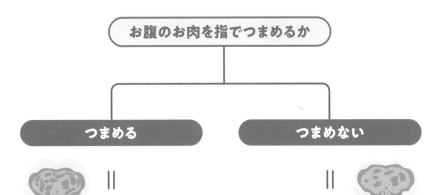

やせない体になるだけじゃない！

脂肪肝を放置すると糖尿病に

もし、脂肪肝を放置するとどうなるのでしょうか。肝炎や肝硬変、肝臓がんといった重篤な病気を引き起こすリスクが高まりますが、**なかでも糖尿病と脂肪肝には密接な関係があり、糖尿病の多くが脂肪肝を経て発症する**といわれています。厚生労働省の2016年の調査によると、日本の糖尿病有病者数は1000万人以上、糖尿病予備群を含めれば2000万人は下らないと推測されます。

まず、脂肪肝を放っておくと、次第に肝臓の機能が低下します。肝臓は、糖をはじめとする栄養素を代謝する役割を担いますが、代謝機能が鈍ることで糖のコントロールができなくなり、血糖値が不安定な状態に。すると、**慢性的に血糖値が高くなって、結果、糖尿病へと発展してしまう**のです。

また逆に、糖尿病であることで脂肪肝の状態も悪化します。糖尿病になると、当然、血液中の糖が増加し、血糖値を下げるためにすい臓からインスリンが分泌されます。**インスリンは増え過ぎた糖を肝臓へ送り込み、肝臓はそれを中性脂肪に変えてため込んで、さらに肝臓内の脂肪を増やす**ことに。

挙げ句の果て、脂肪肝が進むと蓄えきれなくなった中性脂肪が糖として血液中に流れ出し、糖尿病をもっと悪化させてしまいます。つまり、延々と糖が代謝されず、しかも脂肪も増え続ける……という恐ろしい負のスパイラルに陥り、やせにくい体になってしまうのです。

脂肪肝を放置すると糖尿病のリスクが上昇

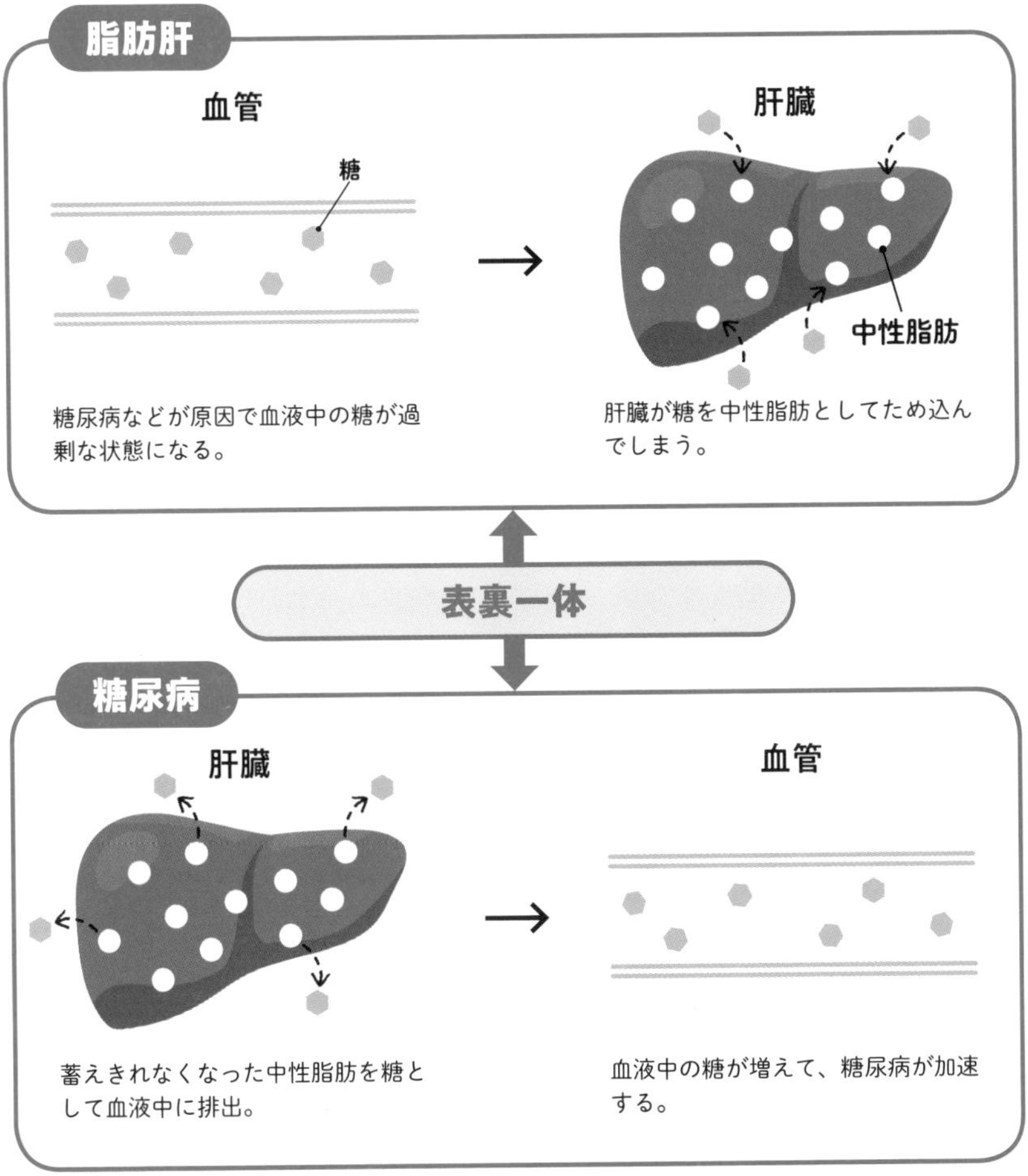
脂肪肝
血管
糖
肝臓
中性脂肪
糖尿病などが原因で血液中の糖が過剰な状態になる。
肝臓が糖を中性脂肪としてため込んでしまう。
表裏一体
糖尿病
肝臓
血管
蓄えきれなくなった中性脂肪を糖として血液中に排出。
血液中の糖が増えて、糖尿病が加速する。

脂肪肝を放置するとやせないどころか糖尿病の負の連鎖に陥る！

肥満、病気、体調不良……命をおびやかす万病のもとになる

脂肪肝は生活習慣病の元凶

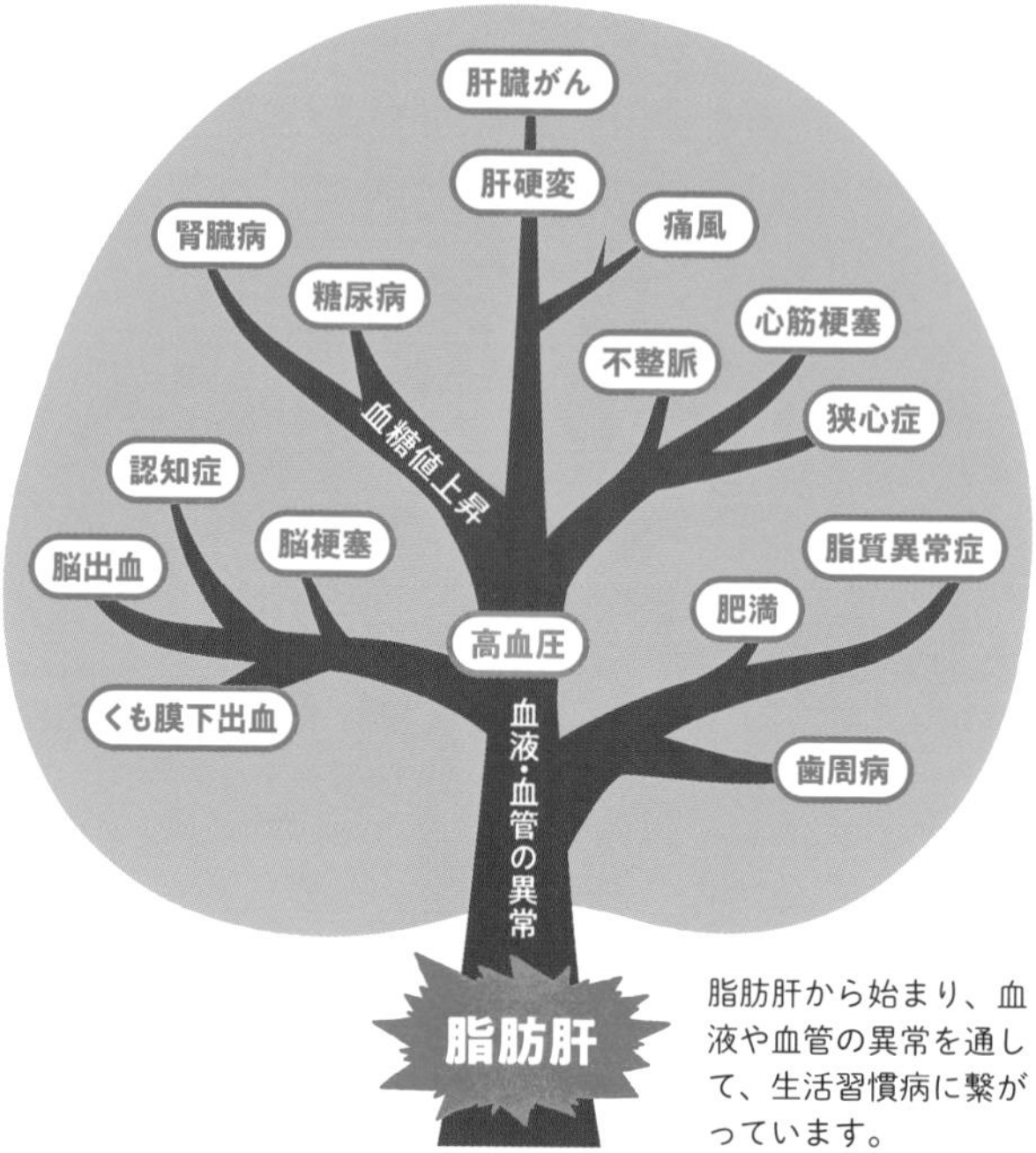

脂肪肝から始まり、血液や血管の異常を通して、生活習慣病に繋がっています。

脂肪肝を治すことは、あらゆる生活習慣病の予防に繋がります。なぜかというと、生活習慣病のほとんどが「血管病」だといえるからです。

脂肪肝になると、肝臓から中性脂肪が血液中にあふれ出し、血液は脂肪やコレステロールでドロドロになります。さらに血管の壁に中性脂肪がこびりついたり、血液中に増加した糖が血管を内側から傷つけたりして血管が傷んでしまいます。これがいわゆる動脈硬化で、この状態が進むと狭心症や脳梗塞といった重篤な病を引き起こします。

認知症も生活習慣病の1つ

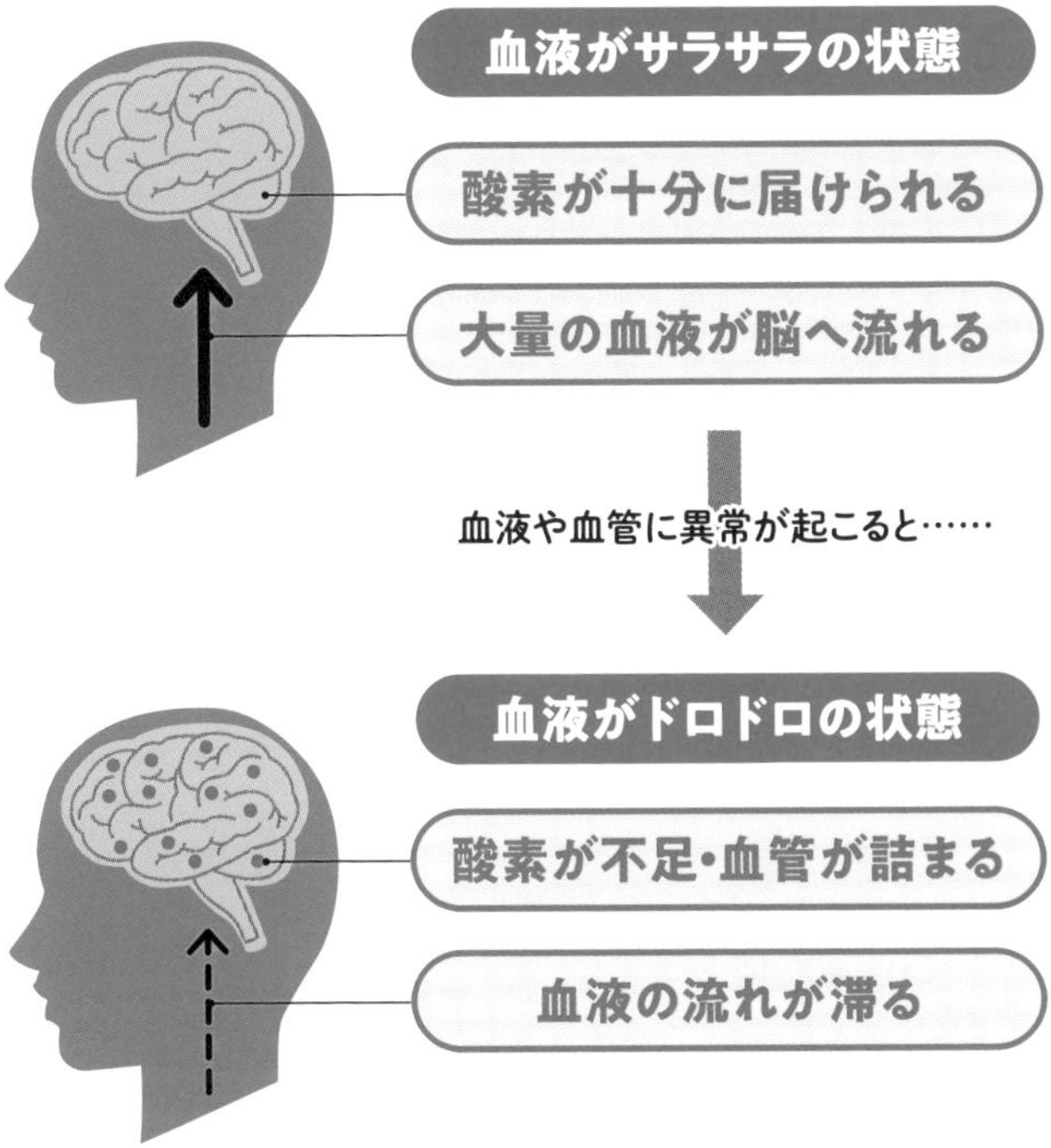
血液がサラサラの状態
酸素が十分に届けられる
大量の血液が脳へ流れる
血液や血管に異常が起こると……
血液がドロドロの状態
酸素が不足・血管が詰まる
血液の流れが滞る

また、認知症も生活習慣病の1つだといえます。最近の研究では、アルツハイマー型認知症は、脳の血流が悪化することで神経細胞が破壊されて発症するのがわかってきました。脳細胞が健康であるためには、栄養と酸素が含まれた新鮮な血液が必要です。ところが、血液がドロドロの状態で、ポンプの役割を果たす血管が傷ついてこわばっていたら、体のてっぺんにある脳まで十分な血液を運ぶことができません。脳は血液不足となり、その結果、神経細胞が損傷されて認知症を発症するのです。

ほかにも、糖尿病や高血圧はもちろん、腎臓病、痛風、歯周病なども血管に由来する生活習慣病です。そして脂肪肝は血管病の一因。全て脂肪肝から繋がっているといえるでしょう。

PART

なければ られない!

2

口の中の状態と体は、
実は密接に関係しています。
思うようにやせられなかった理由は
きちんと歯を磨けて
いなかったからかもしれません。
やせるために新しい歯磨きの習慣を身につけて
口の中の環境を整えていきましょう。

口の中が汚いと太りやすい?
唾液が少ないと歯周病になる?

内臓脂肪の名医が教える新常識②

歯を磨かやせ

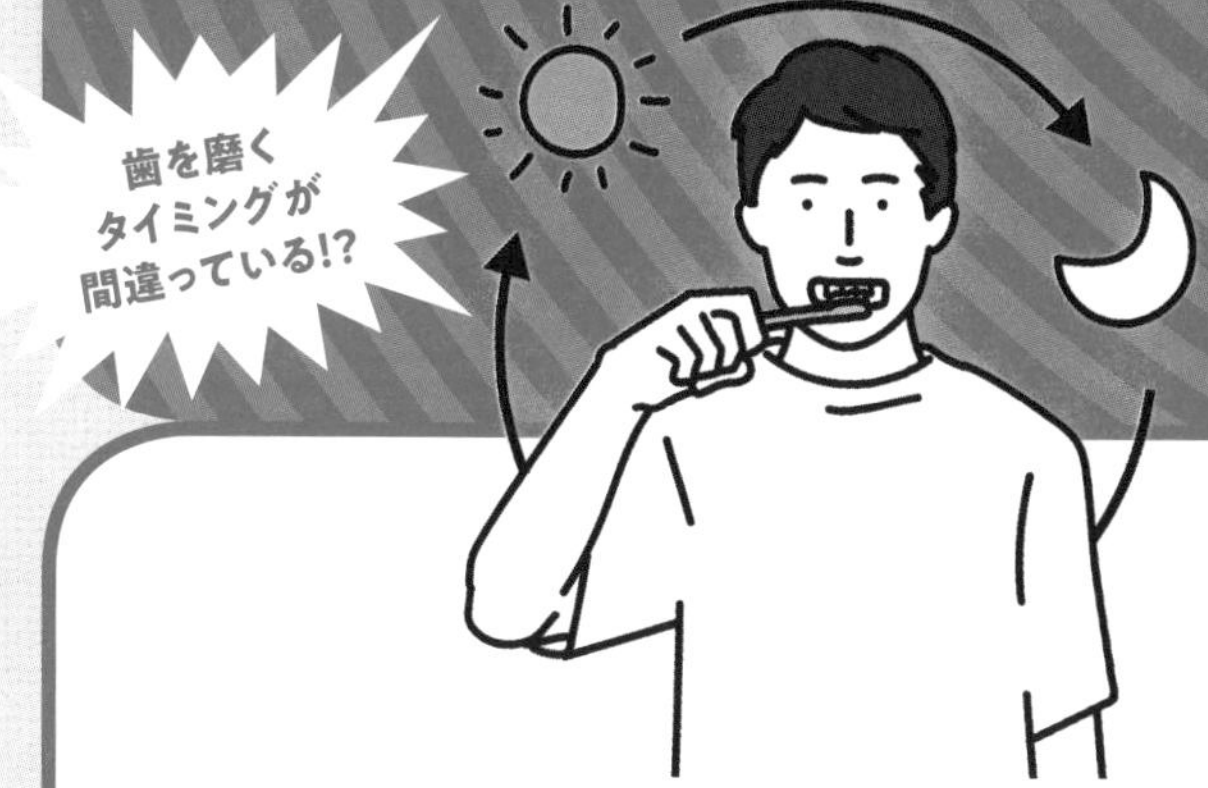
歯を磨く
タイミングが
間違っている!?

食事や運動より大事！ 口の中がきれいでないとやせられない!?

口の中の菌が全身に悪影響を及ぼす

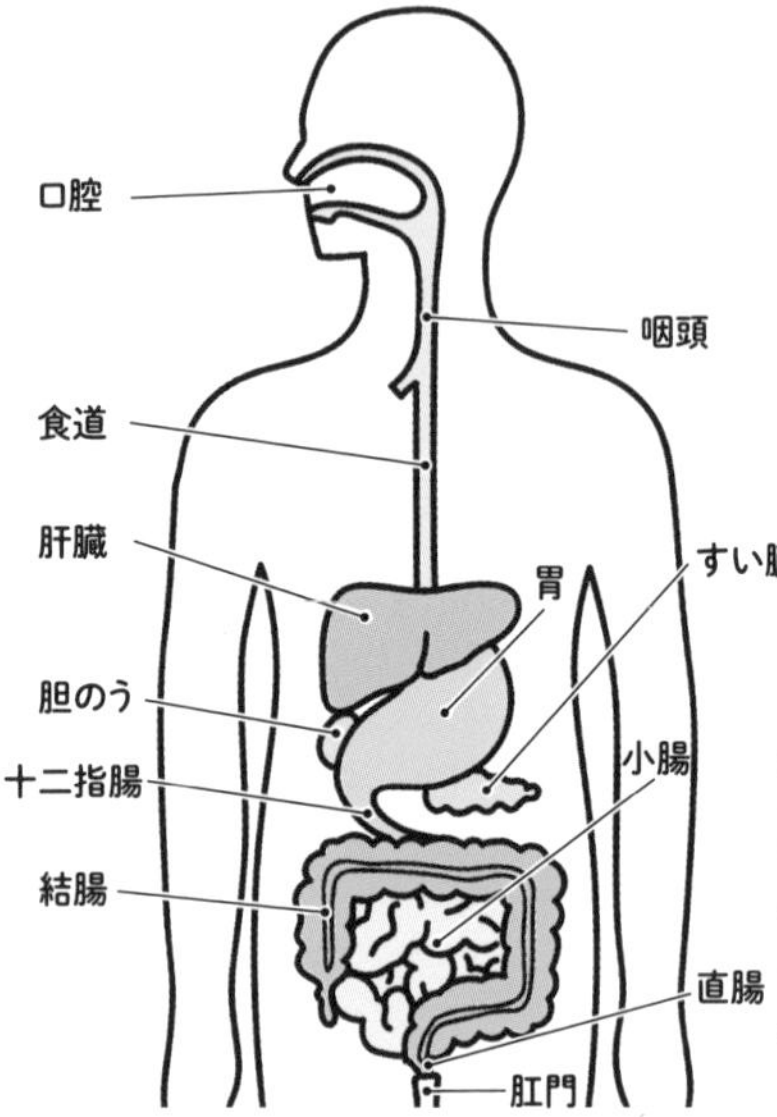

口と消化管はひと続き。腸まで運ばれた有害な口内細菌は腸内細菌のバランスを崩し、全身に悪影響を及ぼします。結果、代謝が低下してやせられない原因に。

食べ物は、消化管を通って消化・吸収、排泄されます。その第一段階が、体への入り口でもある口。それゆえ、外からの異物に侵食されやすい部位といえます。だからこそ、口の中を清潔に保つことが健康にも繋がります。

口の中には数百種、数千億の細菌が生息し、腸内と同様に善玉菌と悪玉菌が存在します。最近の研究では、**口内の悪玉菌が食べ物や唾液と一緒に腸まで運ばれ、腸内環境にまで影響を及ぼしている**ことがわかってきました。悪玉菌の影響で腸内細菌のバランスが崩れると、便秘

口の病気、歯周病がやせられない原因に

負のスパイラル

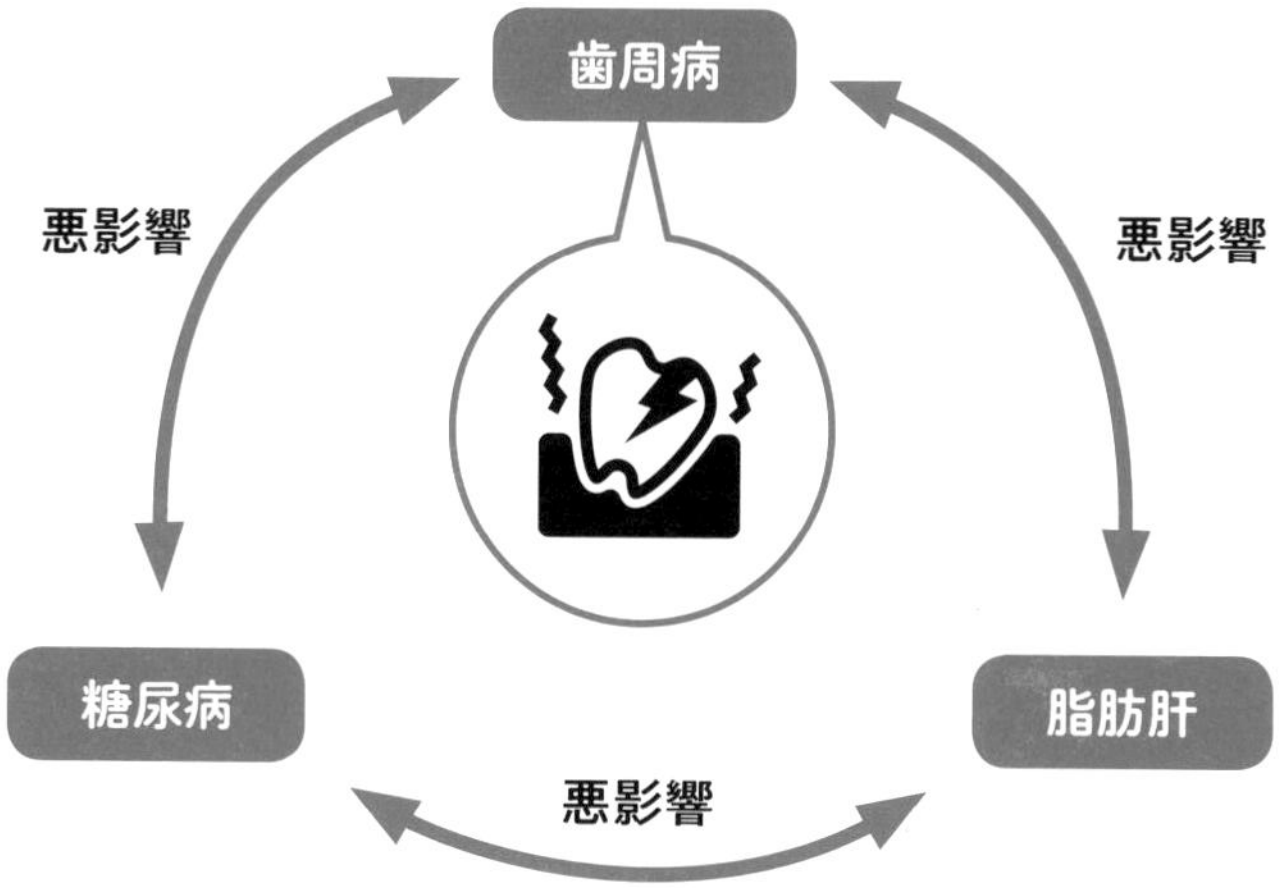

歯周病菌によって発生する炎症性サイトカインがインスリンの働きを阻止。その結果、血糖値が上昇し、肝臓の中性脂肪が増えて脂肪肝が悪化します。つまり、歯周病を治療しない限り、インスリンは正常に働かず、やせることができません。

がちになり、体の代謝機能が低下。**代謝が悪くなると脂肪も燃焼されず、やせにくい体になってしまう**のです。

また、歯周病は脂肪肝や糖尿病と深い繋がりがあります。脂肪肝と糖尿病は負のスパイラル関係にあり（P．44参照）、それに歯周病が加わるケースも。歯周病によって炎症が起きると、「炎症性サイトカイン」という物質が生まれます。**この物質がインスリンの働きを阻害し、血液に糖があふれて血糖値を上昇させる**のです。血糖値が上がれば脂肪肝も悪化し、糖尿病になれば歯茎の毛細血管がもろくなって歯周病もひどくなる……まさに負のスパイラル状態に。

やせられないという人だけでなく、脂肪肝や糖尿病を治療してもよくならない人は、歯周病を疑ってみましょう。

しっかり歯を磨こう！

やせる！ 歯の磨き方

口の中の悪玉菌を増やさないためには、歯を磨いて口内を清潔に保つことが先決。歯に付着したプラーク（細菌のかたまり）を除去するために、正しい磨き方を覚えましょう。

歯ブラシのあて方

歯と歯茎の境目は毛先を斜め 45 度に傾けてあてます。

歯ブラシの持ち方

鉛筆の持ち方と同じように「ペングリップ」で持ち、軽く握ります。

前歯と奥歯の外側

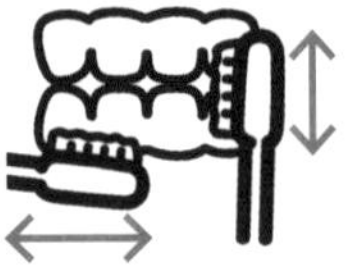

歯と歯茎の境目を磨きます。側面などは歯ブラシを縦にすると磨きやすいです。

前歯の内側

歯ブラシを縦にして、歯の表面と歯と歯の境目を磨きます。

奥歯の内側

一番奥の歯を磨く際は、ブラシの先端部分をあてて細かく動かします。

噛み合わせ面

毛先を歯のくぼみに垂直にあてて磨きます。

やせたいならまずは

やせる新常識！ 起床直後と就寝直前に歯を磨く

起きてすぐ

就寝中にたまった歯周病菌などを落として体内に入るのを防ぐ。

寝る直前

食べカスをきれいにして就寝中に歯周病菌などが増えるのを防ぐ。

太る原因となる歯周病菌は就寝中に増えやすく、朝、歯を磨かないまま食事をすると、食べ物などと一緒に歯周病菌が体内に入り込んでしまいます。やせるためにも健康のためにも、起床直後と就寝直前の歯磨きを丁寧に行うことが重要です。

例えば朝は……

磨き過ぎは歯を傷つけてしまうため、朝夕の食後の歯磨きは軽めでOK。また、食べてすぐの歯磨きは歯にダメージを与える可能性があるため、できれば食後30分間は歯磨きを避けましょう。

歯ブラシと併せて使おう

プラークは歯と歯の間、歯と歯茎の境目にたまります。歯ブラシだけでは落としきれないため、歯間ブラシなどを併用するのがおすすめです。

歯間ブラシ

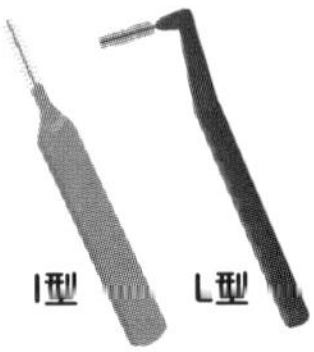

I型は前歯、L型は奥歯を磨くのに使用。I型を少し曲げれば奥歯にも使えます。

デンタルフロス

歯ブラシでは届かない歯と歯の隙間まで、糸を通してプラークを除去できます。

タフトブラシ

ヘッドが小さく、歯並びが悪いところや奥歯の後ろを磨くのに便利。

ブラシと歯磨き粉の選び方

おすすめの歯ブラシ

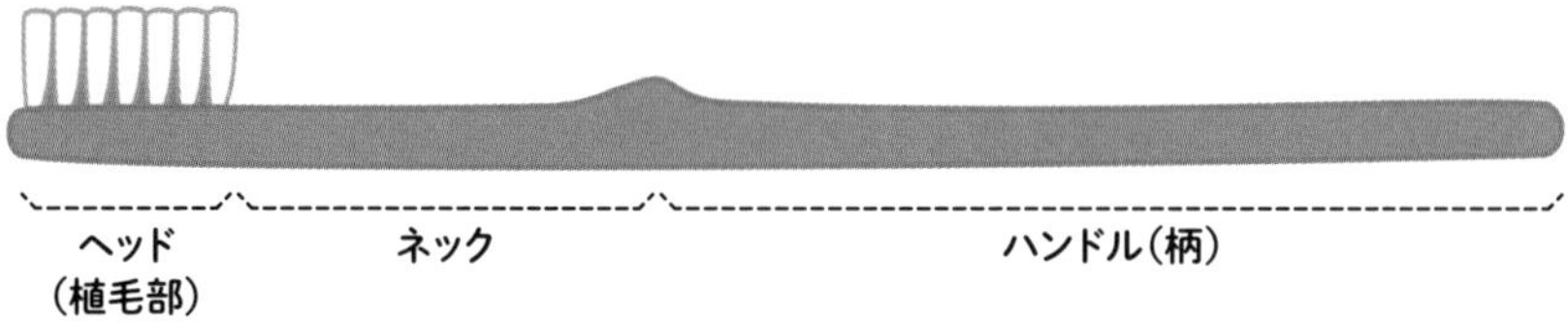

○ヘッド部分が小さい

○毛先はまっすぐで普通のかたさ

○ハンドルはまっすぐ

歯ブラシの交換目安は約1ヵ月に1回

ヘッドの裏側から見て、毛先がヘッドよりはみ出していたら交換時期。1ヵ月経たずにはみ出したら力の入れ過ぎです。

歯ブラシを選ぶポイントは3つ。1つめは、隅々まで磨けるようヘッド部分が小さいこと。2つめは、かたさが普通で毛先が平らなこと。3つめは、操作しやすいようハンドルがまっすぐなこと。**基本的に歯ブラシは形がシンプルなほうが磨きやすくおすすめです。**

歯磨き粉については、成分を確認して目的に合うものを選びましょう。歯周病予防ではプラーク除去が重要なので、薬用成分はあまり必要ではありません。また、高発泡で香味が強いと、爽快感に惑わされて磨き方が不十分になるので、低発泡、低香味のものを少量使ってしっかりプラークを落とすようにしてください。虫歯予防効果のあるフッ素は多いほうがベター。研磨剤は歯を傷つけることがあるので、ブラッシング圧に注意を。

もっと効果を高める! 歯

歯磨き粉に含まれる主な成分

基本成分

研磨剤	リン酸水素カルシウム、水酸化アルミニウム、無水ケイ酸、炭酸カルシウムなど
湿潤剤	グリセリン、ソルビトールなど
発泡剤	ラウリル硫酸ナトリウムなど
香味剤	サッカリンナトリウム、キシリトール、メントール、ミント類など

薬用成分

虫歯予防	フッ化物（フッ素）
プラークの形成を抑える	デキストラナーゼ
プラーク中の細菌数を抑える	クロルヘキシジン類、塩化セチルピリジニウム、トリクロサン
バイオフィルムへの浸透、殺菌	イソプロピルメチルフェノール
抗炎症、抗アレルギー	グリチルリチン酸およびその塩類
抗炎症、組織の修復促進	リゾチーム
歯石予防	ポリリン酸ナトリウム、ピロリン酸ナトリウム、クエン酸亜鉛
知覚過敏	乳酸アルミニウム、硝酸カリウム、塩化ストロンチウム

歯磨きだけじゃダメ！
舌を磨かなければ意味なし

口の中にはたくさんの細菌が生息しているとお伝えしましたが、**一番繁殖しやすい場所が舌の上**になります。ではなぜ、そんなに細菌が繁殖してしまうのでしょうか。

舌の表面は凸凹のある絨毯構造になっており、その凸凹に食べ物のカスが付着しがち。おまけに表面積が広いので、大量の食べカスをキャッチしてしまうのです。そういった**食べカスや、さらには唾液の成分、微生物などが付着することで、舌に細菌が繁殖**していきます。すると、舌の表面が白い苔状のものに覆われます。これが「舌苔《ぜったい》」。舌で増えた細菌などが堆積してできたものです。

細菌などのかたまりであるがゆえに、舌苔は口臭の原因にもなる厄介なもの。とはいえ、**舌を掃除することで、比較的簡単に落とす**ことができます。そこで、おすすめしたいのが「舌磨き」です。

舌磨きのポイントは、専用の舌ブラシを使うこと。毛先がやわらかく、舌の表面にフィットする形状なので効率よく除去できます。ブラシタイプやヘラタイプなど、舌ブラシにはいろいろな種類があるので、自分が使いやすいものを選ぶとよいでしょう。

次に磨き方ですが、やり方はとても簡単。舌の中央を10回、左右それぞれに10回、上から下へ一方向に力を加えずになでるようにこすります。これを1日1回行うだけ。歯周病予防だけでなく口臭が気になる人は、1日1回の舌磨きをぜひ試してみましょう。

正しい舌の磨き方

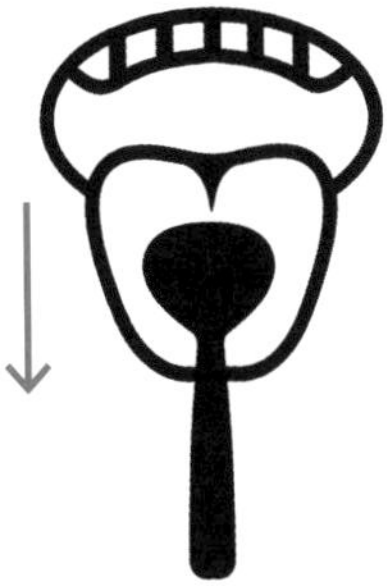

舌の上から下へ
一方向に引くようにこする

舌磨きのポイント

- 1日1回でOK
- 舌磨き専用のブラシを使う
- 中央を10回、左右それぞれに10回程度、なでるように優しくこする

舌磨きを行うことで、歯周病だけでなく口臭も予防できます。やり過ぎると舌を傷つけるので、あくまで優しくこすり、1日1回だけにとどめておきましょう。

自分に合ったタイプを選ぼう！

ブラシタイプ

ヘラタイプ

ブラシとヘラが
一緒になったタイプ

※商品によって使用方法が異なる場合があります。

歯ブラシでごしごしするのはNG！

歯ブラシでごしごしこすると、舌表面の突起や味を感じる味蕾《みらい》に傷をつけてしまうので注意。味蕾を損傷すると味覚が鈍くなってしまいます。

よく噛んで口の中の乾燥を防ぐ!

唾液が少ないと歯周病に

唾液には大きく2つあり、それぞれ重要な働きがあります。1つは常時分泌する「安静時唾液」。口内を潤すことで粘膜を保護し、細菌の繁殖を抑えます。もう1つが食事などで分泌される「刺激時唾液」。食べたものと混ざることで味を感じたり、飲み込みやすくすると同時に、アミラーゼという消化酵素が糖質を分解し、消化吸収を助けます。

これらが唾液の代表的な働きですが、ほかにも多くのメリットを体にもたらします。例えば、唾液に含まれる「ラクトペルオキシダーゼ」という酵素は、発が

唾液の主な働き

- 細菌の繁殖を抑える
- 口の中を清潔に保つ
- 口の中を湿らせて粘膜を守る
- 糖質を分解する
- 味蕾に味を届ける
- 食べ物を飲み込みやすくする
- 自律神経のバランスを整える
- 歯のエナメル質を保護する
- がんの原因となる活性酸素を抑える

口の中が乾いていないか、ドライマウス度チェック

1つでもあてはまったら早めに対策を！

- □口の中が粘つく
- □口臭が気になる
- □舌苔が多い
- □ろれつがまわりにくい
- □パサパサした食べ物が飲み込みにくい
- □舌がピリピリする
- □喉がイガイガする
- □よく口内炎ができる
- □いつも口が開いていて口呼吸をしている
- □口紅が歯につく

ちょっとした心がけで唾液は増やせる！

ん性物質をつくる活性酸素を抑える作用があるといわれています。また、唾液の分泌量は自律神経とも関係しており、唾液が十分に分泌されることが自律神経の安定にも繋がります。

　健康な成人が1日に分泌する唾液の量は約1〜1・5ℓ。この量より極端に減ると「ドライマウス（口腔乾燥症）」です。ドライマウスになると、細菌が繁殖しやすくなり虫歯や歯周病、口臭の原因にも。細菌が体内に侵入すれば、脳や体に深刻な害を及ぼすことがあります。

　ただ、唾液は意外と簡単に増やせます。一番よい方法は「よく噛むこと」。一口30回、1回の食事で1500回噛むのが理想です。「よく話す」といった口まわりの筋肉を動かすことでも唾液腺が刺激され、唾液の分泌を促します。

全てが繋がっていた！
口の中の健康が体の健康に直結する

歯周病と脂肪肝、糖尿病の関係はすでに説明しましたが（P．50参照）、口の中の不調は脂肪肝や糖尿病だけでなく、あらゆる病気のリスクを高める危険性があります。もしも、**歯周病菌や虫歯菌が歯茎から血管の中に侵入し、血流にのって全身に運ばれてしまったら……脳を含めた全身に悪影響を及ぼしてしまうかもしれないのです。**

歯周病は、心臓病や脳卒中、認知症などの深刻な病気との関連性、高齢者がなりやすい誤嚥《ごえん》性肺炎のリスク、女性は子宮内膜症や早産のリスクが高まると指摘されています。動脈硬化もその1つで、血管に侵入した歯周病菌や虫歯菌が炎症を起こすことで炎症性サイトカインがつくられ、それが血管の壁を厚くして動脈硬化を引き起こす場合があると報告されています。

代表的な歯周病菌には「ポルフィロモナス・ジンジバリス菌（Pg菌）」、虫歯菌には「ミュータンス菌」があり、どちらも悪玉菌といわれるものです。これまでPg菌のような口内の悪玉菌は、唾液と一緒に飲み込んでも胃酸で死滅すると考えられていました。しかし、近年では、**歯茎に加えて消化管から侵入してくるルートが存在することもわかってきました。**大量のPg菌を飲み込むと、実際には一部が生き残って、腸まで到達する場合があるので、その悪玉菌が腸内環境を乱し、様々な病気を引き起こすことに繋がると考えられています。

口の中の不調が健康にも影響する

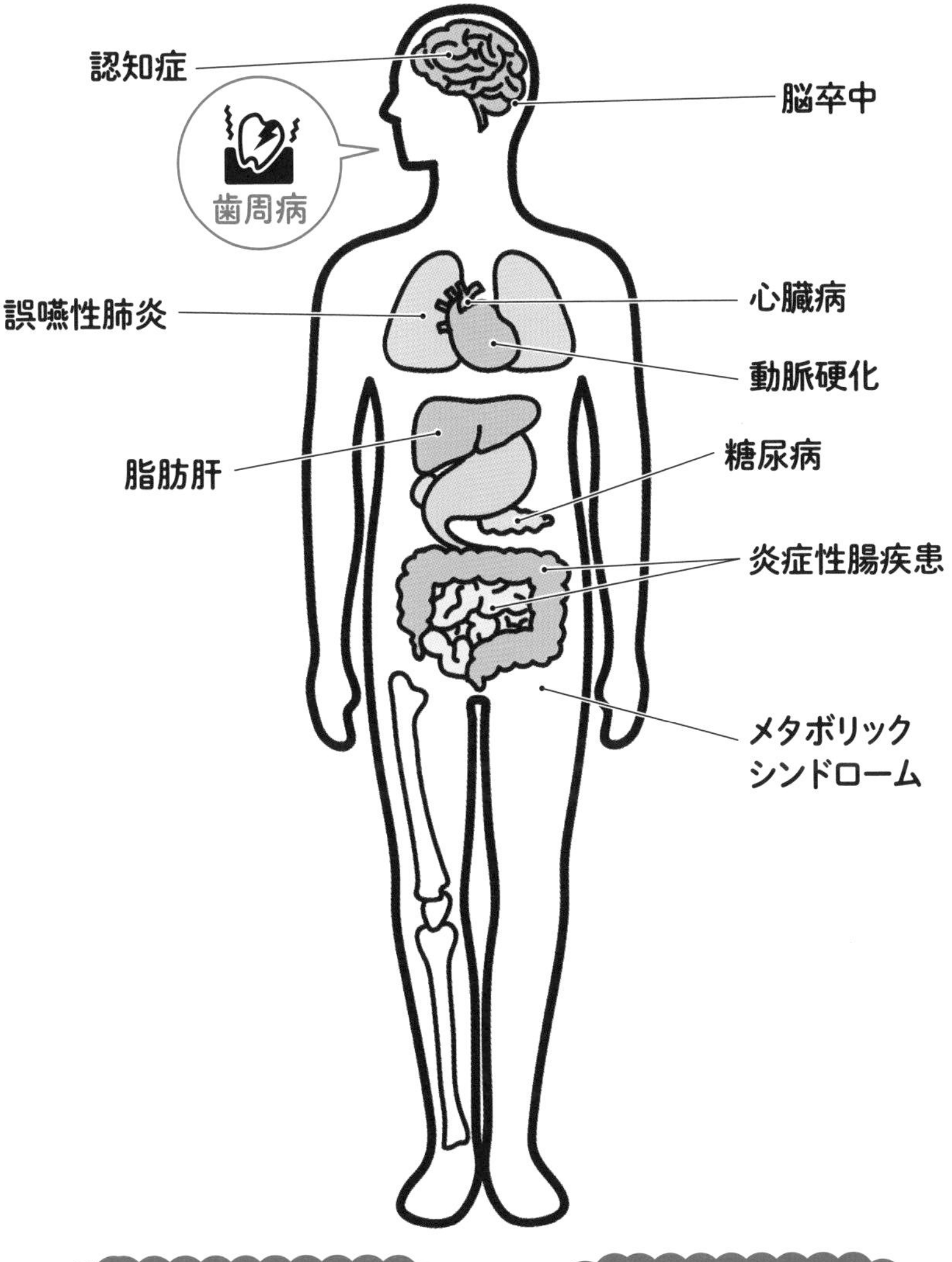

そのほかにも……
骨粗しょう症
関節リウマチ　など

女性の場合は……
子宮内膜症
早産　など

どちらか1つでは足りない
セルフケアとプロのケアで完璧な予防を

正しい磨き方を守って毎日歯を磨き、歯間ブラシやフロスをこまめに使用したとしても、プラークを１００％除去することはできません。とり切れなかったプラークは歯間に残され、それが少しずつたまっていくと歯石になります。

歯石は歯周病菌をはじめとする口腔内細菌の温床です。歯石自体にさほど害はありませんが、ザラザラした表面にはプラークがつきやすく、放置するとどんどんプラークがたまって細菌が蔓延し、まわりの歯茎が炎症を起こしてしまいます。けれども、文字通り石のようにかたい歯石をセルフケアで落とすのは困難です。ひどくなる前に、歯科医院でとり除いてもらうことをおすすめします。

歯石除去は、できれば定期的に行うとよいでしょう。歯科医院に定期的に通うことで、口の中の状態を常に把握でき、セルフケアもしやすくなります。同時にフッ素塗布などの虫歯予防を行うのも有効。プロフェッショナルケアを上手に利用することで、よりよい予防ができます。

とはいえ、日々のセルフケアは絶対に欠かせません。特に歯周病予防には必須。虫歯は歯を削れば治りますが、歯周病は自分で地道にケアすることで口内環境を改善するしか方法はありません。つまり、完璧な予防をするには、セルフケアとプロフェッショナルケアの両方が必要。２つを組み合わせることで、歯周病のリスクは限りなくゼロに近づきます。

両方行わなければ歯周病を予防できない！

自宅でセルフケア

＼食後に加えて起床直後と就寝直前に歯を磨く／

セルフケアのポイント

- □ 歯間ブラシやフロスを使う
- □ 舌磨きを行う
- □ フッ素入りの歯磨き粉を選ぶ
- □ 「よく噛む」、「よく笑う」などで唾液を出す

など

＋

歯医者さんでプロのケア

＼目安は半年に1回以上！／

プロのケアのポイント

- □ 歯石を除去する
- □ クリーニングを行う
- □ フッ素を塗布する
- □ ブラッシング指導をしてもらう

など

↓

両方のケアを習慣化することで歯周病のリスクをゼロに近づける！

PART

が変わる！
る食べ方 3

やせるためには
過度な我慢も食事制限も必要ありません。
いつもの食事をちょっと工夫するだけで
やせる食事に変えることができます。
やり方はとってもシンプル。
できるものからとり入れて
無理なく続けていきましょう。

高カカオ
チョコレートには
やせ効果が
あった！
やせる
飲み物は
濃い緑茶！

内臓脂肪の名医が教える新常識③

みるみる体
最強にやせ

糖質を
完全に抜くは
間違い!

血糖値を制すれば

脂肪肝が改善してやせ体質に

血糖値って何？

血糖値 ＝ **血液中に溶けている「糖」**（＝ブドウ糖）**の濃度**

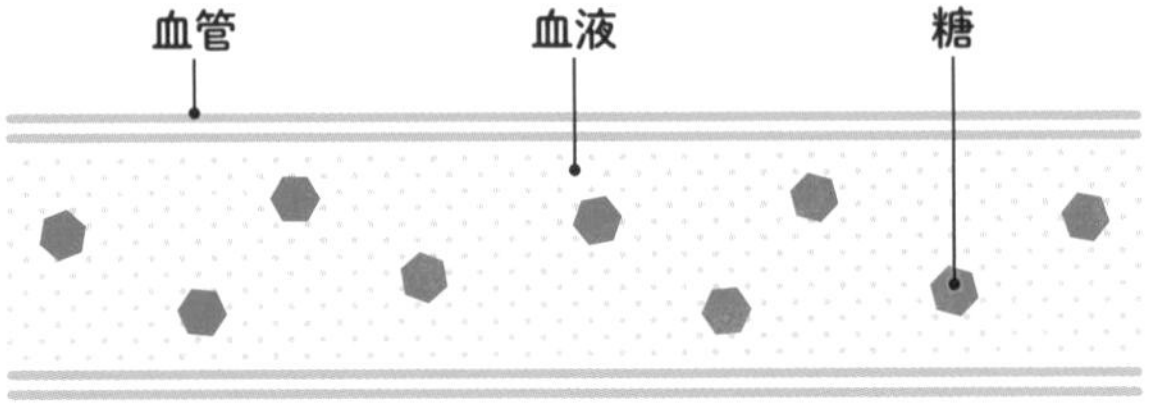

血糖値の高さで何が変わるの？

血糖は血液中のブドウ糖であり体の大切なエネルギー源。血糖値が高い状態が続くと糖尿病の危険がありますが、低過ぎても不調を感じ、ひどいときは意識を失うことも。

血糖値とは、血液中に溶けている糖（＝ブドウ糖）の濃度のこと。食事で摂取した糖分は、肝臓にある酵素の働きによりブドウ糖に蓄えられ、血液中にとり込まれます。その量が数値となって表れるのが血糖値です。通常空腹時の血糖値は70〜１００mg／dlくらいで、下がり過ぎると低血糖状態となり、ひどい場合は体に不調をきたすこともあります。基本的には糖を摂取することで上昇しますが、注意してほしいのは血糖値の急激な上昇です。

　食後に血糖値が上がると、それを抑制

血糖値が上がると太るメカニズム

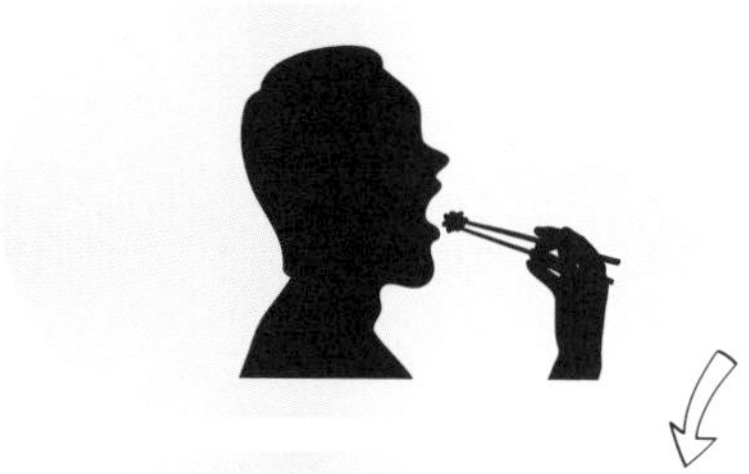

糖質をとって血糖値が上がる

空腹時に糖質が多いものを食べることで食後に血中の糖の量が増え、血糖値が一気に上昇。

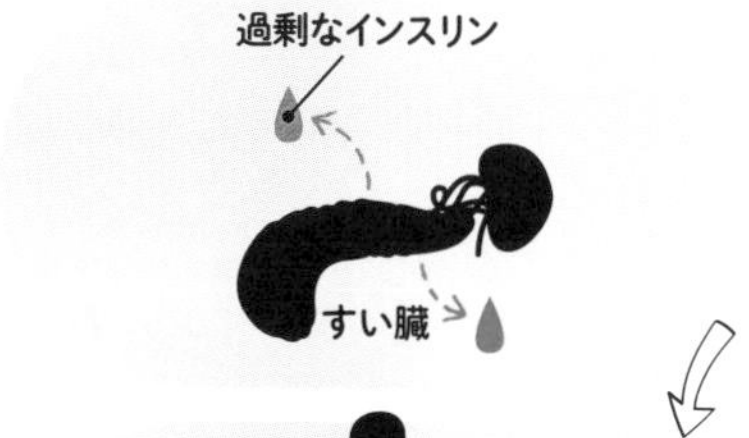

上がった血糖値を下げようとインスリンが分泌される

急激に血糖値が上がると、それを下げるためにすい臓から通常より過剰な量のインスリンが分泌。

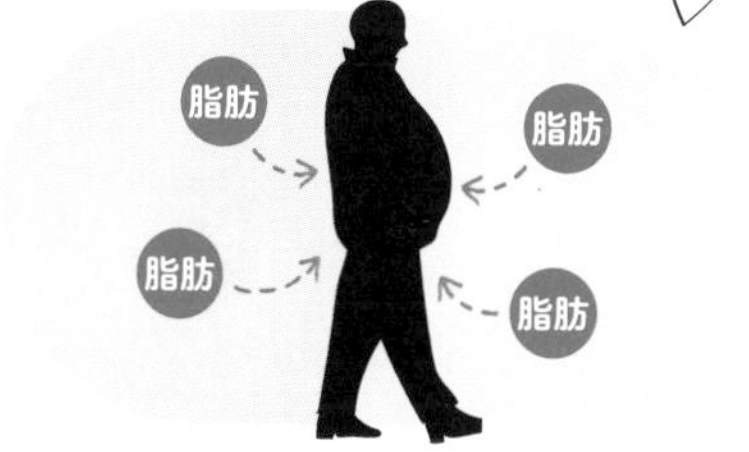

インスリンによって脂肪の合成が促進される

必要以上に分泌されたインスリンが脂肪の合成を促すと、肝臓をはじめ体のあちこちに脂肪が蓄積することに。

するためにすい臓から「インスリン」が分泌されます。インスリンは血糖値を調節するホルモン。血液中のブドウ糖を肝臓や筋肉などにとり込ませ、血糖値を下げる働きをしますが、同時にその過程でブドウ糖を脂肪に変え、肝臓などに蓄えるよう促す働きもします。

空腹時に糖質が多く含まれるものを食べると血糖値が一気に上昇し、インスリンが過剰に分泌されます。必要以上に分泌されたインスリンによって脂肪の合成に拍車がかかり、その結果、体内に脂肪が蓄積されて太る原因となるのです。

食後の血糖値の上昇が緩やかであれば、インスリンが過剰に分泌されることもありません。つまり、脂肪肝の改善にも、やせるためにも、血糖値を急上昇させないことが重要となってきます。

太ると思ったら大間違い！
高カカオチョコレートで脂肪を減らす

高カカオチョコレートが脂肪に効く理由

カカオポリフェノールが
血糖値の上昇を抑える

＋

食物繊維が
糖の吸収を緩やかにする

ポリフェノールの含有量（食品100gあたり）

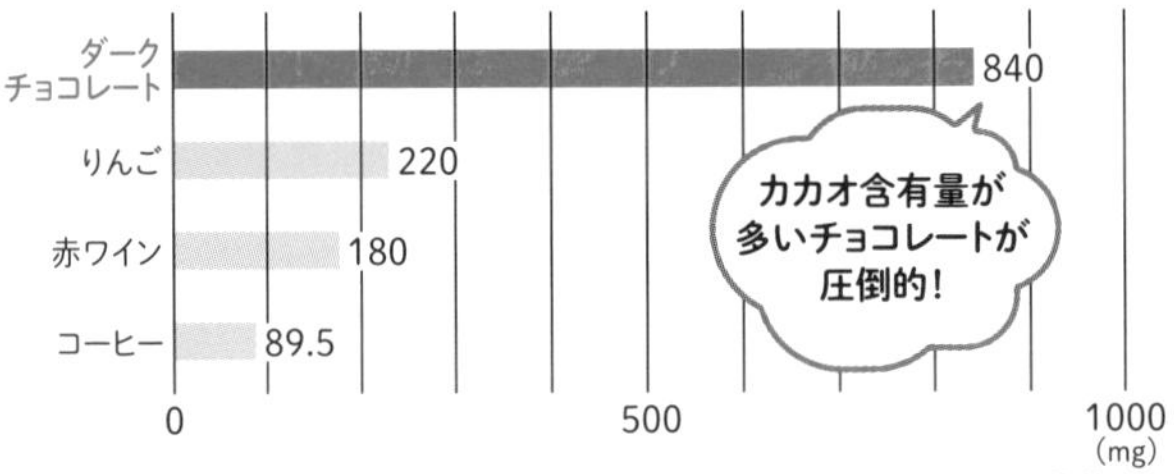

出典：Scalbert A and Williamson G.J Nutr.2000: 130: 2073S-85S,2000. より抜粋。
※株式会社明治のホームページを参考に作成。

甘いお菓子で、一見食べると太りそうなイメージのあるチョコレートですが、様々な健康効果をもたらす、ダイエットにもおすすめの食品です。

チョコレートの脂肪分に含まれるステアリン酸は体内に吸収されにくい性質があり、そのためチョコレートは食べても肥満になりにくいといわれています。ただし、どんなチョコレートでもよいというわけではありません。**チョコレートの効果を十分に得るには、カカオ含有量が70%以上の高カカオチョコレートを選ぶこと。**原材料であるカカオの量が肝心で、

高カカオチョコレートが脂肪肝の予防や改善にも！

脂肪と活性酸素が結びつくと肝機能がさらに低下

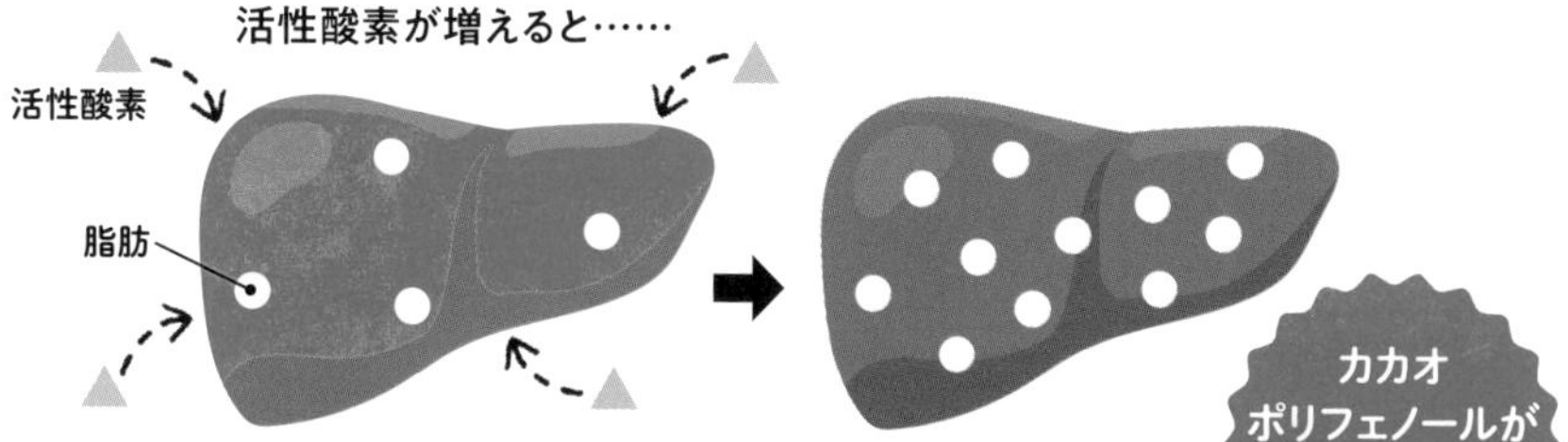

活性酸素が肝臓の中の脂肪と結びついて、さらに有害な過酸化脂質に変質。

肝臓の機能が低下して脂肪をため込みやすくなり、さらに脂肪肝が加速。

活性酸素とは、呼吸で体内とり込まれた酸素の一部が通常よりも活性された状態になること。増え過ぎて肝臓の脂肪と結びつくと、肝機能を低下させるなど様々な病気の原因に。カカオポリフェノールにはそんな活性酸素を除去する抗酸化作用があります。

カカオに含まれる「カカオポリフェノール」にこそ、多くの効果・効能が秘められているからなのです。

　カカオポリフェノールの効果の1つが、活性酸素（酸素の一部が通常より活性化したもの）の除去。肝臓にたまった脂肪と活性酸素が結びつくと肝機能を低下させてしまうため、除去することで脂肪肝の予防や改善に繋がります。また、インスリンの働きをよくする効果もあり、血糖値の急激な上昇を抑えるためにも役立ってくれます。

　さらに、カカオは食物繊維が豊富。食物繊維は糖が吸収される速度を緩やかにし、食後の血糖値上昇を抑制します。つまり、**高カカオチョコレートはカカオポリフェノールと食物繊維のダブルの効果で、血糖値の上昇を抑えてくれる**のです。

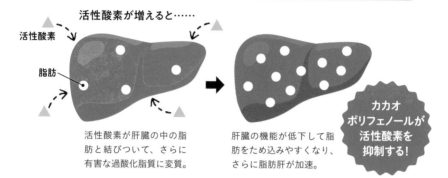

1日3回に分けて食べる

効果的な食べ方は食前に5gずつ食べる

もっと効果を高めたい人は食間にも5g! ➡ 1日合計25g
食べると効果的!

食べ方のポイント

食前に食べて血糖値の急上昇防止

食物繊維豊富なカカオを食前に摂取することで糖の吸収を緩やかに。

高カカオチョコレートを選ぶ

カカオポリフェノールを多く含むカカオ含有量70%以上が目安。

1日3〜5回に分けて食べる

一度に食べるより、食前や食間に小分けにして食べるのが効果的。

1日の摂取量は15〜25gを目安に

様々な実験結果から、1日のチョコレート摂取量は25gが理想。

間食にもとり入れる

空腹時やストレスを感じたときに食べるとリラックス効果が。

高カカオチョコレートは

一度にたくさん食べても意味なし!? 小分け食べが効く理由

カカオポリフェノールの効果時間のイメージ

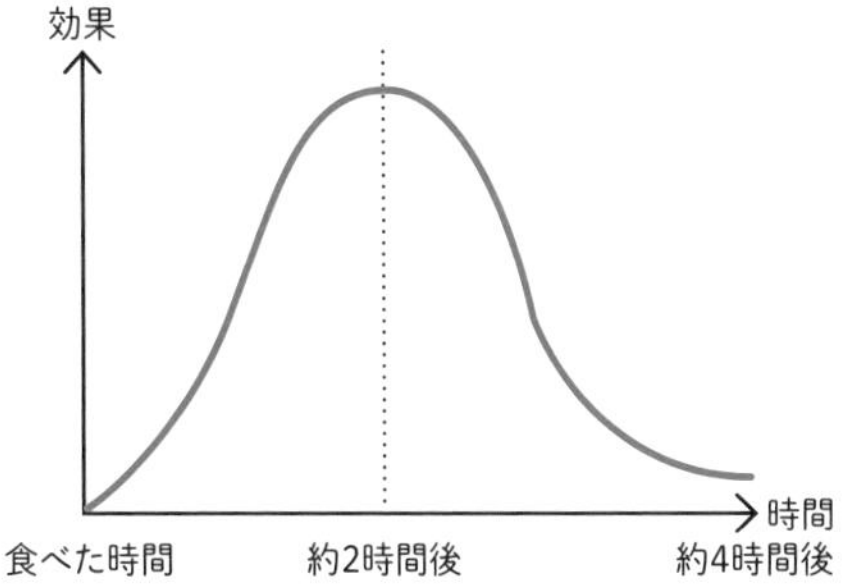

約2時間後をピークに効果がなくなっていく

カカオポリフェノールは食べてから約2時間後に効果が高まり、4時間ほどで効果が消えてしまいます。また体内にとどめておけず、余分なものは体外に排出されるため、一度に大量に食べても効果は上がりません。

**カカオポリフェノールは体にとどめておけず
食べてから数時間で効果がなくなる**

高カカオチョコレートは食べ方にもコツがあります。まず、一気にたくさん食べてもさほど効果は上がりません。カカオポリフェノールの効果は食後約2時間がピーク。約4時間で、その効果はなくなってしまいます。また長時間体内にとどめておけないので、小分けにして食べるのが最も効率的です。

基本は朝食前、昼食前、夕食前の1日3回。1回につき5gが適量です。血糖値の上昇を抑えるため、必ず食前に食べるようにしましょう。さらに食間に摂取するのもおすすめ。小腹が空いたときに食べておくと、過食の防止になります。また、リラックス効果もあるので、イライラしたとき、ストレスを感じたときなどにも食べて、チョコレート効果を最大限に活かしてください。

やせるだけじゃない！高カカオチョコレートの健康効果

歯周病は脂肪肝や糖尿病など、あらゆる病気を引き起こす可能性がありますが（P.50参照）、歯周病のような口の中のトラブルにも高カカオチョコレートは効果を発揮します。

カカオにはカカオポリフェノールをはじめとする数種類のポリフェノールが含まれており、強力な抗酸化作用があります。抗酸化作用とは、体を酸化させる活性酸素を抑制する働きのこと。例えばラットを使った実験では、**カカオポリフェノールの抗酸化作用で活性酸素による歯茎の酸化や炎症が抑えられ、歯周病の改善が報告されています**。この抗酸化作用は、糖尿病や高血圧、動脈硬化などの生活習慣病の改善や、認知症のもととなる「脳の酸化」の防止にも効果的。高カカオチョコレートを食べるだけで、様々な病気の予防・改善が期待できるのです。

また、**チョコレートに含まれるカカオプロテインは便秘にも効きます**。カカオプロテインはたんぱく質の一種で、小腸で吸収されずに大腸まで届くため、便のかさを増やして便通をよくします。

さらに、**チョコレートを食べることで、脳内の神経伝達物質である「セロトニン」の分泌が促されることもわかっています**。セロトニンは心を落ち着かせる作用のある、通称「幸せホルモン」。不足するとイライラしたり集中力が低下したりします。そんなときに高カカオチョコレートを少量食べると、気分転換にもなっておすすめです。

高カカオチョコレートが歯周病を改善

活性酸素による歯茎の損傷を防ぐ

カカオポリフェノールの抗酸化作用が、歯周病菌によって発生した活性酸素の働きを阻止。歯茎の損傷を防ぎ、口内環境を改善します。

カカオプロテインが腸内環境を改善

カカオプロテインってどんなもの？

たんぱく質の一種で難消化性の物質。小腸で吸収されず、そのままの形で大腸へ送られるので便のかさを増し、便秘の改善に。腸内細菌のエサにもなり、腸内環境を整える効果も。

腸内環境が改善！

- 排便回数が増える
- 便の色が改善される
- 便のかさが増える
- 腸内細菌が調整される

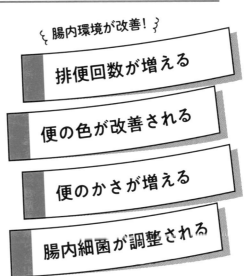

飲むだけで効果あり！

やせる飲み物は濃い緑茶だった

茶カテキンの3つのやせパワー

血糖値の上昇を抑える
脂肪の燃焼を促す
糖の吸収を緩やかにする

茶カテキンが脂肪を燃やす＆増やさない

茶カテキンには脂肪燃焼効果があり、毎日摂取することで肝臓や筋肉の脂肪代謝がアップ。さらに、糖の吸収を緩やかにする作用もあるため、食後も血糖値が上がりにくくなり、脂肪がたまりにくい体に。

緑茶を飲んだときに感じる苦みや渋み。これはポリフェノールの一種である「カテキン」という成分です。この茶カテキンには様々な健康効果がありますが、その1つが「やせる」効果です。茶カテキンには脂肪の燃焼を促す作用があります。最近の研究では、高濃度の茶カテキンを継続的に摂取すると、肝臓や筋肉における脂肪代謝が活発になり、脂肪の燃焼が促進されることがわかっています。また、糖の吸収を緩やかにする働きもあり、食後の血糖値の急激な上昇を抑える効果も。その結果、余分な脂肪

やせるだけじゃない！ 緑茶のすごい効果

虫歯を防ぐ

茶カテキンの抗菌作用は虫歯菌にも効果があり、虫歯菌が歯に付着するのを防ぎます。また、におい成分とも結合し口臭予防にも。

動脈硬化を防ぐ

茶カテキンやビタミンCなどの抗酸化成分によって血中コレステロールの増加を抑えるので、動脈硬化の予防効果も期待できます。

認知症を予防する

茶カテキンの抗酸化作用やアミノ酸の一種であるテアニンのリラックス効果により、認知症をはじめとする脳の老化が防げます。

血圧の上昇を抑える

緑茶に多く含まれるテアニンのリラックス効果で副交感神経が優位になり、血圧が安定。高血圧の発症を抑制します。

が合成されるのを防ぎ、脂肪燃焼効果と併せて肥満防止に役立つのです。

茶カテキンには抗菌作用や抗炎症作用もあります。**緑茶で口をゆすいだり、うがいをすることは歯周病やインフルエンザなどの感染症予防にもなり、口臭を防ぐ効果もあります。**

茶カテキンのほかにも、緑茶にはビタミンCやβ-カロテンといった抗酸化ビタミンが豊富で、強い抗酸化作用により**動脈硬化や認知症の予防効果も期待できます。**さらに、緑茶に含まれるアミノ酸の一種であるテアニンは脳のα波を増加させるなど、リラックス効果があることで知られています。このように緑茶には様々な健康効果があります。市販品を選ぶ際は、健康成分が多く含まれた濃い緑茶を選ぶとよいでしょう。

緑茶の飲み方

1日ペットボトル1本分(約500ml)を飲もう!

ペットボトルの
緑茶でOK!
飲むだけで
脂肪燃焼!
血糖値を
コントロール!

飲み方のポイント

食前に100mlを目安に飲む

食後の急激な血糖値の上昇を抑えることができます。

濃い緑茶を選ぶ

ブレンド茶ではなく、健康成分が多い濃い緑茶を選びましょう。

1日かけてこまめに飲む

やせ成分は数時間で排出されるのでこまめな摂取を。

脂肪が燃える

急須でいれて茶葉まで食べる！

やり方

1 茶葉からいれる

急須を使って茶葉からいれるのがベスト。お湯を注いでから1～2分蒸らします。

2 茶葉を食べる

使用済みの茶葉は酢などで味つけし、野菜感覚で食べましょう。目安は1日1回3g。

やせ成分を得られる割合

急須でいれた緑茶を飲んだ場合

約30%

＜

急須でいれた緑茶を飲み茶葉も食べた場合

約70%

緑茶のやせ成分は茶葉まで食べると多く摂取することができる！

免疫力がアップする!?

温度によって変わる緑茶の効果

緑茶の茶カテキンには、免疫力アップに役立つ2つの成分が含まれています。それが「エピガロカテキン（EGC）」と「エピガロカテキンガレート（EGCG）」です。

エピガロカテキンは免疫細胞のマクロファージを活性化する作用が非常に強く、粘膜免疫系の働きをよくすることから病原性大腸菌のO－157や水虫の原因菌などにも効果があるといわれています。

一方、エピガロカテキンガレートは強力な抗酸化作用が特徴。その効果はビタミンCの数十倍とされており、免疫力を高め、老化を防ぐ効果も期待できます。また、ヒスタミンの放出を抑える作用もあるため、花粉症などのアレルギー症状にも有効です。

さらに、高い抗ウイルス作用もあるとされており、高濃度の緑茶でうがいをすることは、インフルエンザなどの風邪予防にもなります。

この2つの成分は温度によってたくさん抽出できたり、あまり抽出できなかったりするので覚えておくと便利です。**エピガロカテキンは、低い温度でいれると効果を得られやすいため、氷水でいれましょう。苦みが抑えられて飲みやすいというメリットもあります。反対に、エピガロカテキンガレートは温度が20度以下だと抽出されにくい特徴があるので、お湯でいれるように。**適温は70～80度。熱湯だと成分が変性してしまうので注意してください。どちらも、じっくりいれるのがポイントです。

いれる温度で抽出成分が変わる

氷水でいれると……

「エピガロカテキン」の
効果が得られやすい

▼メリット

免疫細胞の
マクロファージを
活性化

O-157や
水虫の原因菌など
を抑制

水出しのポイント

**急須に茶葉を入れて氷水を注ぎ
10分以上かけて抽出する**

※エピガロカテキンは温度が低いほうが効果を得られやすい。

熱いお湯でいれると……

「エピガロカテキンガレート」の
効果が得られやすい

▼メリット

花粉症などの
アレルギー症状を
和らげる

抗酸化作用で
免疫力を高めて
老化も防ぐ

お湯出しのポイント

**急須に茶葉を入れて70～80度のお湯を注ぎ
5分ほどかけて抽出する**

※熱湯ではエピガロカテキンガレートが変性してしまう。

計算しても意味なし!?
やせるならカロリー計算はやめるべし

ダイエットにカロリー計算はつきものですが、やせるためにむやみにカロリーを減らすことは意味がありません。カロリーの高い食品は、主に肉、魚、卵、牛乳などのたんぱく質や脂質。これらは体に必要な栄養素を豊富に含んでいます。しかし、極端にそれらの食事量を減らしてしまうと、体づくりに必要な栄養素まで足りなくなるなど逆効果。かえって太りやすくなる恐れもあります。

ダイエットにカロリー計算が無意味なことは、高カロリー食を食べた後と高糖質食を食べた後の血糖値の上がり具合を

やせたい人でも
高カロリーな食べ物はOK!

ステーキ　焼き魚　卵焼き　牛乳

これらを減らすと……

やせ体質づくりに必要な栄養素まで不足!

むやみに食事量は減らさず
糖質をちょいオフ

1日の糖質摂取量の目安は

男性＝250g

女性＝200g

低栄養性脂肪肝にもならず1ヵ月あたり-0.5～1kgの最適なペースで減量できる量

高カロリーと高糖質を摂取した後の違い

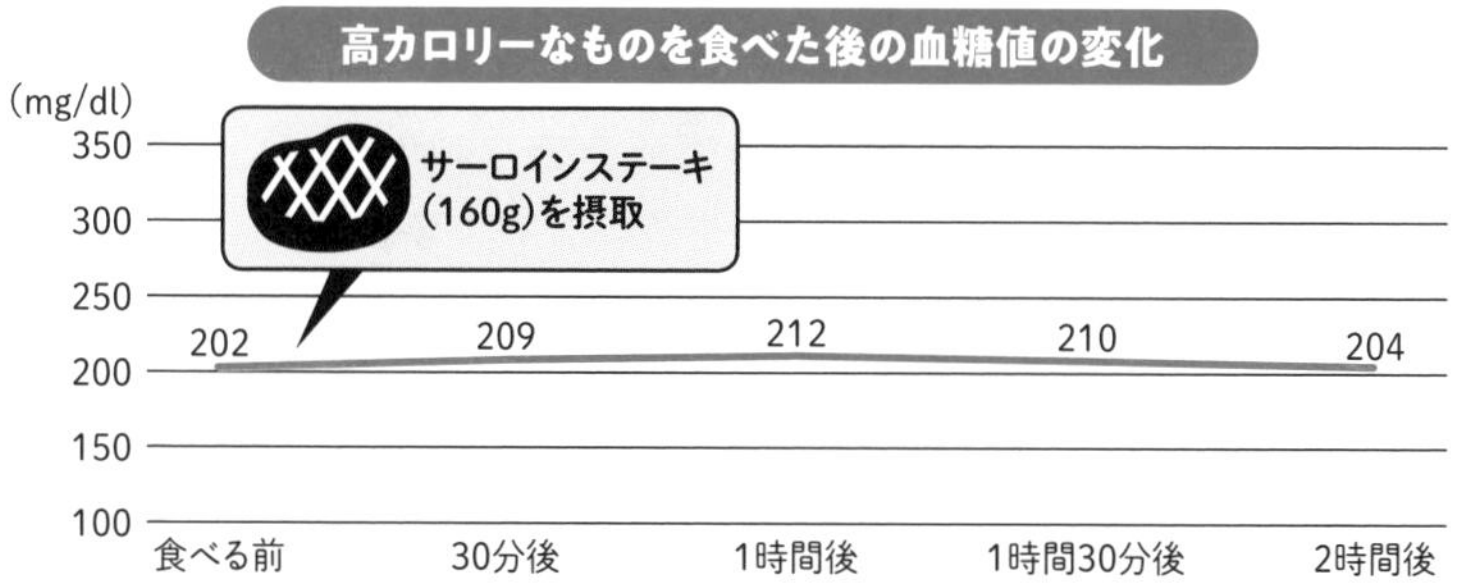

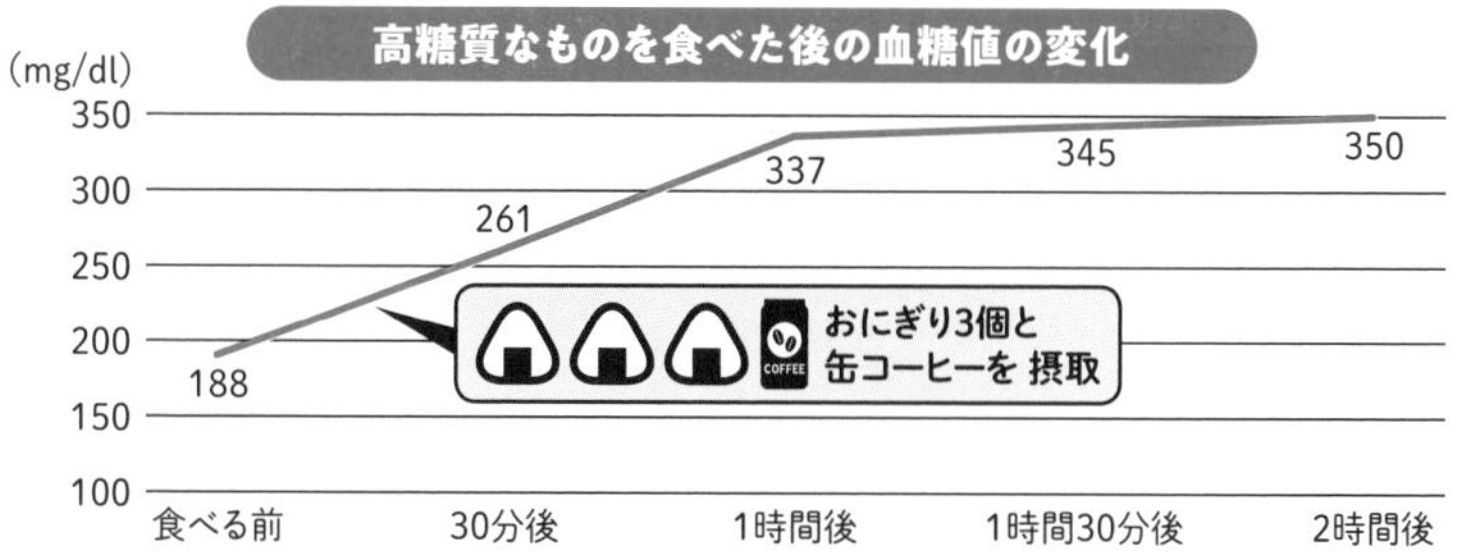

出典：栗原クリニック東京・日本橋調べ。

→高糖質のほうが血糖値を上げて太りやすい食事に！

比較しても明らかです。食後、高カロリー食の場合は太る原因である血糖値にほとんど変化が見られないのに対し、高糖質食では急激に上昇しています。つまり、注意すべきは糖質のとり過ぎ。太ることとカロリーは関係がないのです。

やせる体づくりには、たんぱく質、脂質、糖質をバランスよくとることが大切です。理想的な1日の糖質摂取量は男性で250g、女性で200g程度。個人差はありますが、この量に糖質を抑えておけば、1ヵ月に0・5〜1kgのペースで減量できます。これ以上糖質量を減らし、1ヵ月に3kgを超える減量をしたとしても、「栄養が足りない！」と本能的に食欲を我慢しきれず、結局リバウンドすることに。バランスのよい食事を心がければ、無理なくやせられるのです。

でみるみるやせる

「糖質ちょいオフ」って何？

食べてOKなものや
減らしたいものは
P.84～85へ！

糖質を一口減らして……　→　ほかの食材を食べる！

糖質を減らす
- → 脂肪がエネルギーとして消費される → たまっていた脂肪が減る
- → 血糖値を急上昇させない → 脂肪がたまりにくくなる

やり方のポイント

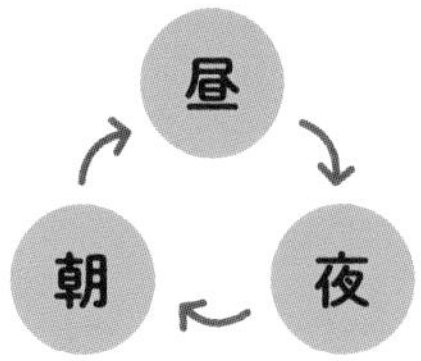

昼
夜
朝

3食きちんと食べる

規則正しく1日3食とることで、一度の食事量を減らせ、血糖値の急激な上昇を防ぐことができます。

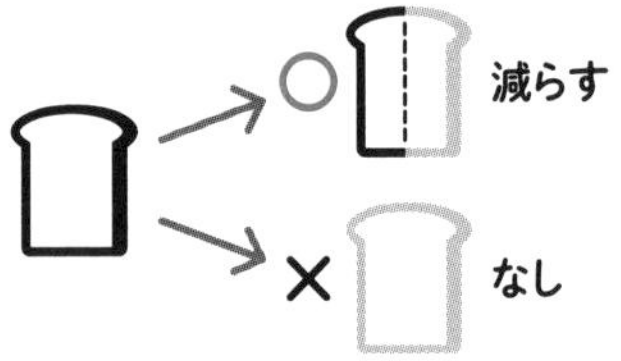

なし

糖質をゼロにしない

糖質を全くとらないと、「低栄養性脂肪肝」になる恐れも。ご飯なら一口か二口程度減らすだけでＯＫです。

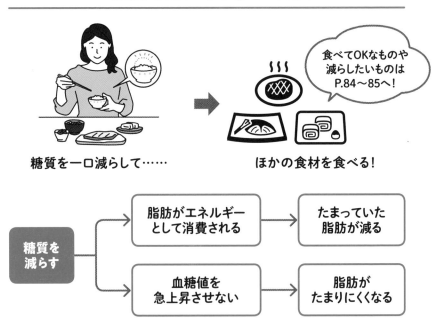

「糖質ちょいオフ」

食べる時間帯も意識すると効果アップ！

脂肪貯蔵たんぱく質「BMAL1」の脂肪組織中量（相対値）

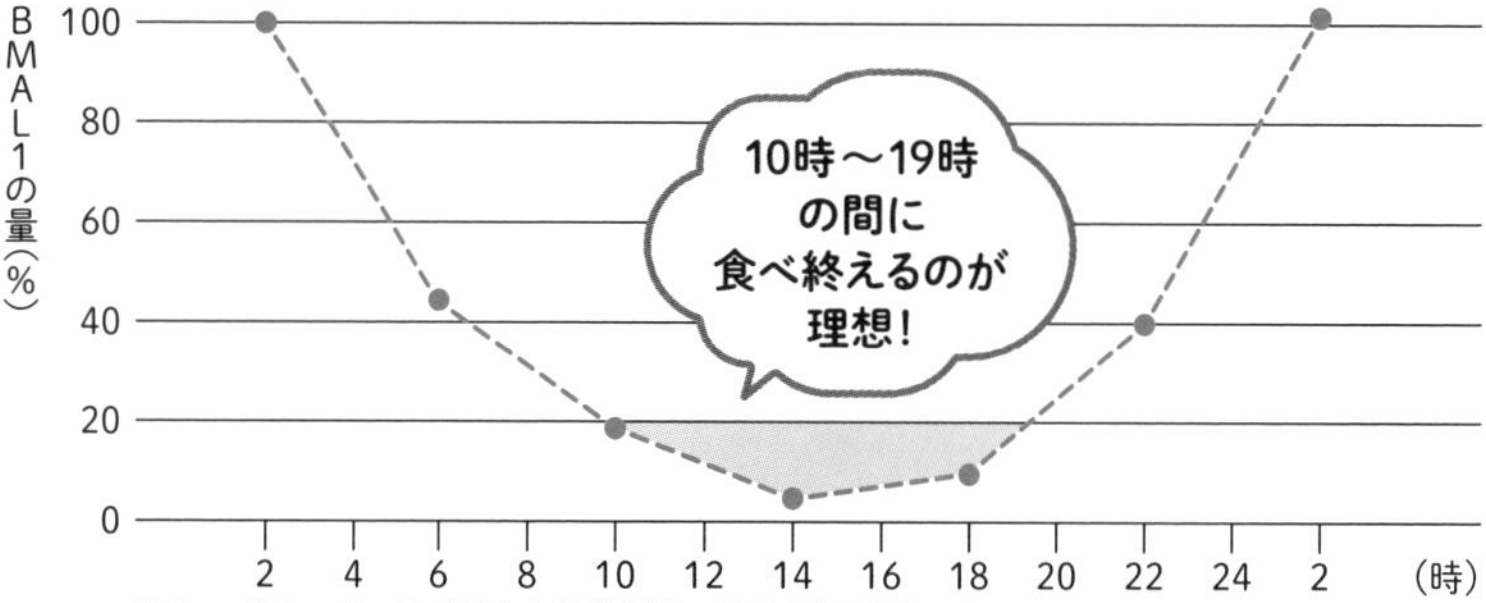

出典：グラフデータ／日本大学薬学部　榛葉繁紀教授による。

食べる時間によって太りやすくなる!?

BMAL1 は脂肪の合成を促し、体にため込む働きをするたんぱく質。時間帯によって分泌量が異なり、日中は量が少なく、夜 22 時～深夜 2 時頃がピーク。そのため夜遅い食事は太る要因になります。

内臓脂肪を減らしてやせるには、中性脂肪のもとでもある糖質の摂取量を減らすのが一番。食後の血糖値上昇を抑え、インスリンの分泌を減らすことで脂肪が蓄積しにくくなるからです。でもゼロにすると体がエネルギー不足で逆に脂肪をため込もうとしてしまいます。

「糖質ちょいオフ」は糖質を一口減らすだけ。減らした分は糖質以外の食材で補います。また、1日3食を規則正しく食べるのも大切。例えば朝食を抜くと、空腹から糖の吸収が速くなり、昼食時に血糖値が急上昇します。夜遅くに食べるのもNG。脂肪の合成に関わる「BMAL1」というたんぱく質は、22時～深夜2時に最も増加します。この時間帯に食べると脂肪は蓄積されがちに。夕食は19時までに済ますのが理想です。

食べたいものと量を減らしたいもの

量を減らしたいもの

など

↓

主食はゼロにせずいつもより1～2割減らす意識でOK

ご飯やパン、麺類などの主食はいつも食べるている量から1~2割減らすよう意識。また、ご飯なら玄米や雑穀米、パンなら全粒粉のほうが食物繊維が多いのでおすすめです。果物には太る原因の“果糖”が含まれているのでなるべく控えましょう。

「糖質ちょいオフ」で積極的に

積極的に食べたいもの

など

糖質を減らした分をこれらの食品で補おう

糖質を減らした分をほかの食品で補います。まず肉や魚などのたんぱく質が豊富な食品は、脂肪を燃焼させる筋肉をつくるためにも積極的にとりましょう。また、食物繊維が豊富な葉野菜や海藻類などは、血糖値の上昇を緩やかにするためにも不可欠です。

「糖質ちょいオフ」で知っておきたい食品の詳しい栄養素はP.121 ～ 127で紹介しています。

食べない減量はむしろ危険！
糖質のかわりにたんぱく質をとろう

糖質を減らした分、積極的に摂取したいのがたんぱく質です。それも、肉や卵、魚といった動物性たんぱく質。なぜなら、**動物性たんぱく質をしっかりとることで、血液中のたんぱく質「アルブミン」を増やせる**からです。

　アルブミンは肝臓でつくられるたんぱく質の1つで、血液の中で様々な物質と結合し、それぞれの目的部位へと運搬する働きがあります。**アルブミンが十分に足りていれば筋肉量が増え、基礎代謝もアップ。さらに、肌や髪の毛も美しくなります。**反対に不足すると、免疫力が低

たんぱく質をとって やせ体質に！

動物性たんぱく質をしっかりとる → アルブミン値が上がる → 栄養が全身に行き渡る → 筋肉が増えて脂肪が燃える！

アルブミンとは?

血液中に存在するたんぱく質で、様々な物質と結合して栄養素を体内の各所へ運搬するのが主な役目。

アルブミン値と体の状態の関係

アルブミンの値（g/dl）	体の症状	アルブミンの値（g/dl）	体の症状
～3.6	体の機能が衰弱する	～4.7	髪が元気になる
～4.1	新型栄養失調	～4.8	爪がきれいになる
～4.4	筋肉が増え始める	～5.0	表情がいきいきとする
～4.6	肌がつややかになる	5.0～	理想

効果的なたんぱく質のとり方

体重と同じグラム数を食べる

1日に摂取すべきたんぱく質の量＝体重と同じグラム数。体重60kgの人なら、1日60gが適量です。

肉なら牛・豚・鶏どれでもOK

肉は最も効率的にアルブミン値を上げる食材。牛なら赤身、豚ならヒレ、鶏なら胸肉かささみがおすすめ。

サバ缶や大豆缶を利用する

缶詰を利用するのもおすすめです。サバ缶は中性脂肪を減らす効果があります。大豆缶は植物性たんぱく質が豊富。

卵も積極的に食べる

卵もアルブミン値を上げるうえで有効で、1日2〜3個食べるのがおすすめ。栄養バランスも理想的な食材。

下したり、筋肉量が減ったりして骨も弱くなります。厚生労働省が定めたアルブミン基準値は3・8〜5・3g／dlですが、健康であるためには欠かせないものなので、少し高めの4・5g／dlを目標にするとよいでしょう。

　アルブミン値を上げるには、動物性たんぱく質の中でも肉が最も効率的です。その次が卵。コレステロール値を心配する人もいますが、**実は卵はコレステロール値の上昇とは無関係。**1日2〜3個食べても大丈夫です。1日にとるべきたんぱく質の量は、体重と同じグラム数が目安。体重60kgの人なら60gが適量です。

　ちなみに、**歯周病などの炎症があるとアルブミン値は低下します。**口内ケアがおろそかだと、たんぱく質をとっても効果が得られにくいのでご注意を。

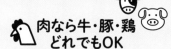

同じメニューでも違う！

食べる順番を変えるだけでやせる食事に

食事は「食べる順番」が大事。同じメニューでも、食べる順番によってやせる食事にもなるし、太る食事にもなります。例えば、お腹が空いたときはご飯などの炭水化物から手をつけたくなるものですが、最初にご飯を口にしてしまうと一気に血糖値が上がり、過剰に分泌されたインスリンの働きでみるみる脂肪が合成されてしまいます。では、何から食べるとやせる食事になるのでしょうか。

一番よいのは、肉や卵、魚などのたんぱく質が多い食品から食べ始めること。糖尿病だと、糖の吸収を妨げる食物繊維からとることを推奨しますが、その場合、お腹が膨れてたんぱく質を十分とれなくなったりします。**たんぱく質は筋肉を維持するために必要な栄養素。**不足すると筋肉量が減り、脂肪が燃焼しにくくなります。**確実に必要量を摂取するため、最初に食べるほうが理想的です。**また、満腹感も得やすいので、糖の摂取量を抑えることもできます。

次に食べるのが食物繊維を含む野菜や海藻、きのこなど。たんぱく質に続いて食物繊維を摂取することで、糖の吸収が緩やかになります。そして、最後に食べるのがご飯やパン、麺類などの糖質ですが、その前にひと呼吸おいてみそ汁やスープをとっておくとよいでしょう。水分でお腹が満たされて糖質のとり過ぎを防げます。とはいえ、糖質を全くとらないのもいけません。体のエネルギー源なので、少なめでも必ず食べるようにしましょう。

やせる「食べる順番」はこれ！

1 たんぱく質

筋肉をつくる栄養素なので、最初に食べて確実に摂取。満腹感を得やすく、糖の吸収も緩やか。

肉　魚　卵　豆腐　など

↓

2 食物繊維

食物繊維は糖の吸収を妨げるので、糖質をとる前に摂取すると血糖値が上がりにくくなります。

野菜　海藻　きのこ　など

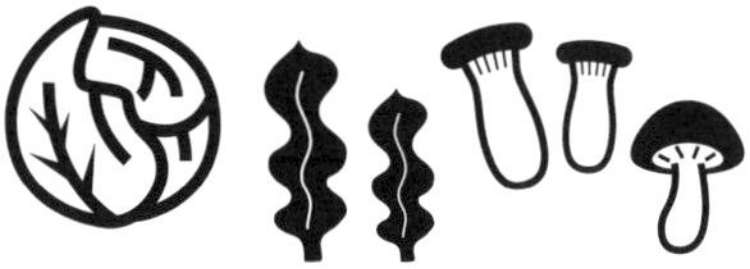

↓

3 水分

糖質をとる前にみそ汁やスープなどの水分でお腹を満たし、糖質のとり過ぎを防止。

みそ汁　スープ　など

↓

4 糖質

最後に主食となる糖質をとることで、糖質過多の食事を防ぐとともに血糖値の上昇を抑制。

ご飯　パン　ポテトサラダ　など

たんぱく質が多い食品から食べるメリット

たんぱく質が多い食品から食べると……

→ 血糖値が急上昇しない → 脂肪が合成されにくくなる

→ 満腹感を得やすい → 糖質の摂取量が減る

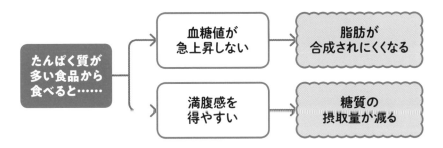

早食いは太るもと！ゆっくり食べれば早くやせる

早食いの3大リスク

1 肥満の原因になる
脳に満腹感が伝わる前に食べ過ぎてしまう。

2 脂肪肝の原因になる
糖質が即座に脂肪に合成され、肝臓に蓄積される。

3 糖尿病の原因になる
インスリンの過剰分泌がすい臓に負担をかけ糖尿病に。

早食いになりやすく
糖質の多い食べ物はこれ！

ゆっくり食べるのも、やせる食べ方の1つ。シンプルなことですが、これがとても効果的です。

よく噛まずに早食いすると、短時間で多くの糖質が胃腸に送られ、血糖値が急上昇します。これまで説明したように、急激な血糖値の上昇は太る原因になるし、脂肪肝にも繋がります。さらにはインスリンの大量分泌ですい臓に負担がかかり、糖尿病のリスクまで高めることに。

これに対して、**よく噛んでゆっくり食べれば血糖値の上昇も緩やかになり、脂肪の合成も抑制できます。時間をかけて**

ゆっくり食べるコツ

一口食べたら箸を置く

一口ごとにじっくり味わおう！

一口30回噛むことを目標にする

いつもより10回多く噛むことから始めよう！

朝食は20分、昼食は25分、夕食は30分かけて食べる

時間を決めて早食いを防ごう！

ゆっくりよく噛んで食べると……

- 糖質の吸収が緩やかになる
- 血流がよくなって代謝が上がる
- 満腹感を得られて食べ過ぎを防止する
- 唾液が出て歯周病や糖尿病のリスクが減る

食べると満腹感を実感するので、食べ過ぎ防止にもなります。また、よく噛むことで血流がよくなって代謝が上がり、脂肪が燃焼されやすくなったり、唾液がたくさん出て歯周病の予防になったりといった効果もあります。

このように、ゆっくり食べることには多くのメリットがありますが、つい忙しさからか、早食いが習慣化している人が大勢います。そんな人は、次の点を心がけてみてください。

まず、朝食は20分、昼食は25分、夕食は30分と、食事にかける時間を決めておきます。次に、一口30回噛むことを目標にしましょう。そして、一口食べたら必ず箸を置き、じっくりと味わう。これらを守れば、徐々にゆっくり食べる食習慣が身についてきます。

飲んだらやせられないはウソ！
お酒は飲んでもOK

1日のお酒の適量の目安

1日＝アルコール40g程度まで

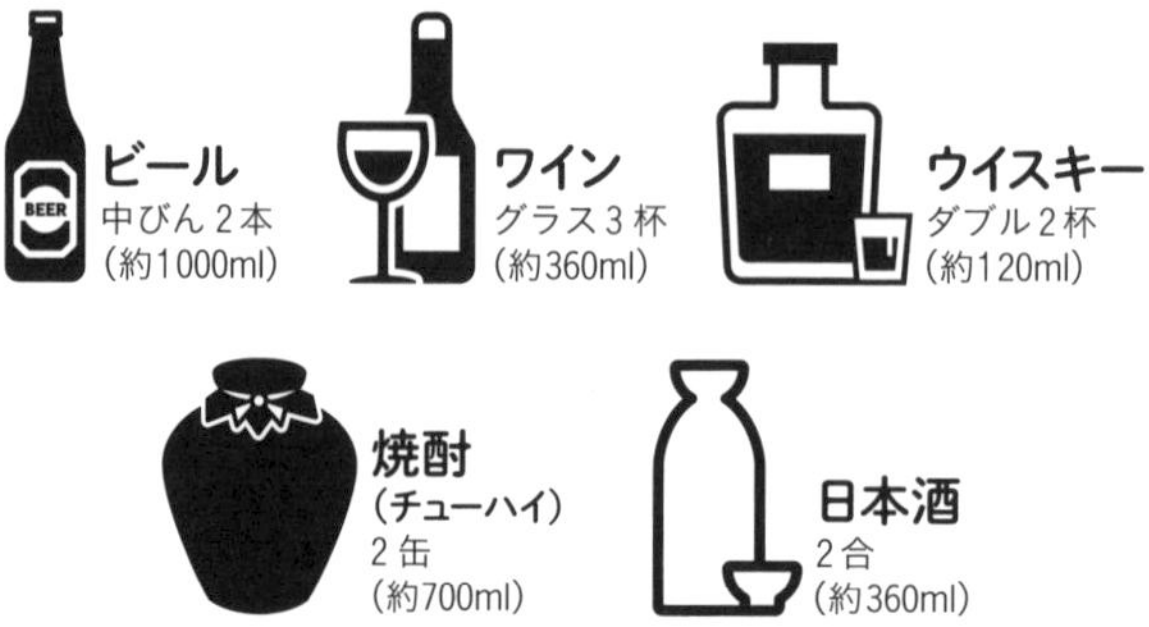

アルコール量の計算の仕方

お酒の度数×お酒の量×0.8÷100
＝アルコール量（g）

度数5％のビール中びん1本（500ml）の場合
5×500×0.8÷100＝20g

過度なアルコールの摂取は肝臓にも負担がかかり体に毒ですが、適量なら太ることもなく、お酒がよい効果をもたらすこともあります。

　私が考える適量は、日本酒で1日に2合、ビールで中びん2本、ワインでグラス3杯。純粋なアルコール量で40gまでです。実際、毎日お酒を20〜40g摂取する人とそれ以上または以下の量を摂取する人を比べると、肝臓の状態を表すALT、空腹時血糖値、中性脂肪の数値がいずれも前者のほうがよいことがわかりました。なぜかというと、肝臓がアルコー

太りにくいお酒を選ぼう

太りにくいお酒

蒸留酒やワインなど、糖質の少ないお酒を選ぶようにしましょう。

減らしたいお酒

梅酒や果実を使ったお酒は特に糖質が多いので注意しましょう。

少量で酔うテクニック

熱いお酒

温度が高いお酒のほうが体に吸収されやすく、酔いが速くまわります。

炭酸

炭酸が血管を広げて血行がよくなると、アルコールが速く脳に到達します。

ルを分解するときに肝臓内の糖を消費するため。肝臓の糖が減ることで血糖値や中性脂肪が低下し、肥満や脂肪肝の改善にも効果をもたらすのです。

ただしお酒にも糖質が含まれているので、なるべく糖質量の少ないお酒を選ぶことが大切です。一番よいのが糖質ゼロの「蒸留酒」。焼酎やウイスキー、ブランデーなどですが、カクテルやサワーは果汁やリキュールで割っているので糖質が多く要注意。ビール、ワイン、日本酒などの「醸造酒」は糖質が含まれますが、ワインは少なめなのでおすすめです。

飲酒量が増えがちな人には少量で酔う飲み方も。例えば、お酒を温めると吸収がよくなって酔いやすくなったり、血行をよくする作用のある炭酸で割るとアルコールのまわりが速くなったりします。

少しの工夫で劇的に変わる！

体に負担をかけにくいお酒の飲み方

お酒の種類だけでなく、飲む時間帯や一緒に食べるおつまみなどにも気を配るようにすると、もっと健康的に飲酒を楽しめます。

まず、**夜お酒を飲む日は朝食、昼食をきちんととっておくこと。**カロリーをセーブしようと食事を抜いたりするのは、やせるのに逆効果。空腹状態でいきなりお酒やおつまみを口にすると、**糖質の吸収が早まり血糖値が急激に上がってしまいます。**また、空腹感からおつまみを食べ過ぎてしまう場合も。さらに夜遅くまで飲んだり食べたりすると翌朝は食欲が失せ、再び朝食を抜くことに……。そんな悪循環を回避するためにも、飲酒の前はしっかり食べることが大切です。それができないときは、牛乳1杯だけでもお腹に入れておくとよいでしょう。

飲む時間帯も重要です。特に家飲みだと夜遅くまで飲みがちですが、**22時～深夜2時は脂肪細胞を生む「BMAL1」（P.83参照）が増える時間帯。この時間も飲み続けていると内臓脂肪は蓄積する一方です。理想は22時までに消化を終えること。**逆算して早めの時間に飲み始めるようにしてください。

おつまみは普段の食事と同じようにたんぱく質から食べ始めましょう（P.88参照）。**たんぱく質はアルコールの代謝に欠かせない栄養素なので、飲酒の際は多めにとるのが秘訣です。**糖質はお酒と一緒に摂取すると吸収がよく血糖値が急上昇するので、できるだけ避けるようにしましょう。

お酒を飲む日は朝・昼を抜かない

体に負担をかけるサイクル

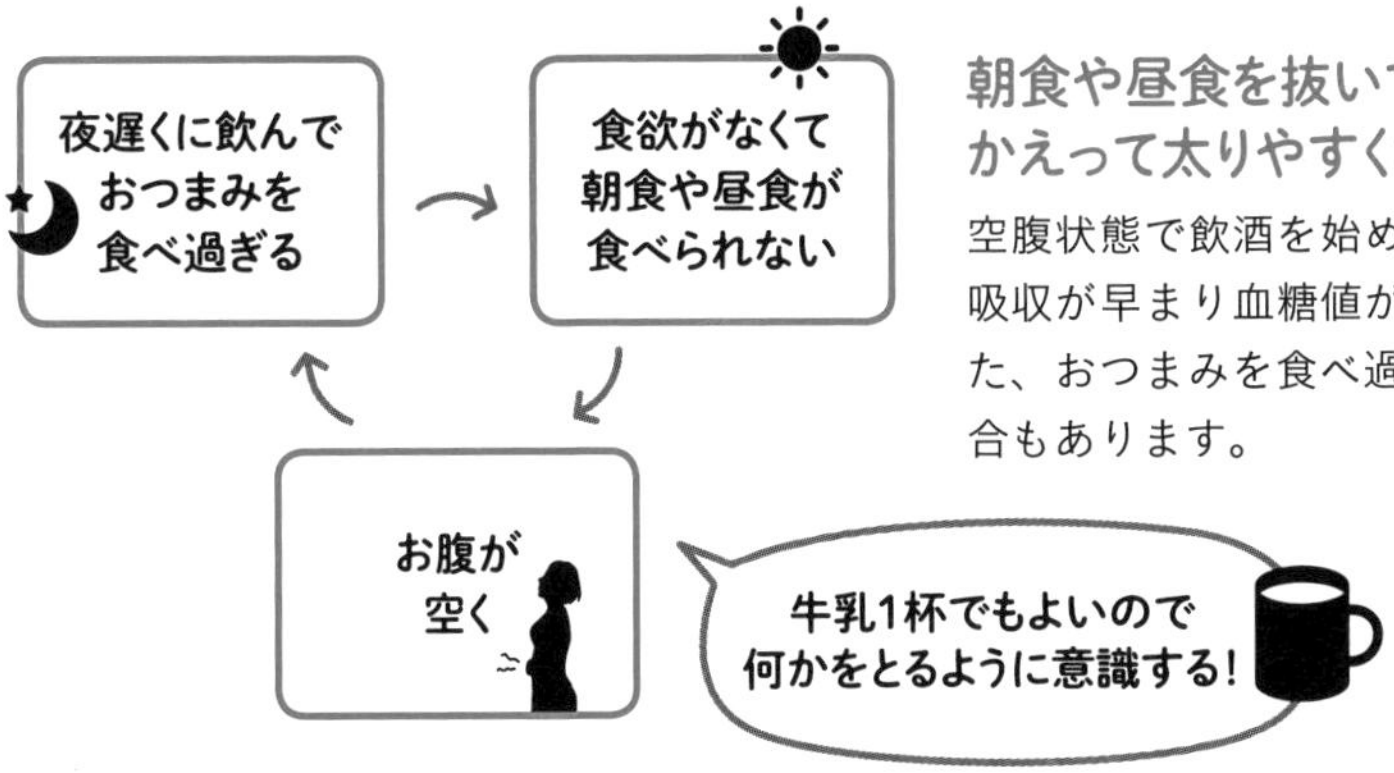
夜遅くに飲んで
おつまみを
食べ過ぎる
食欲がなくて
朝食や昼食が
食べられない
お腹が
空く
牛乳1杯でもよいので
何かをとるように意識する！

朝食や昼食を抜いて飲むとかえって太りやすくなる

空腹状態で飲酒を始めると、糖の吸収が早まり血糖値が急上昇。また、おつまみを食べ過ぎて太る場合もあります。

おすすめのおつまみはこれ！

＼ 糖質を避ける&たんぱく質をとる！ ／

枝豆　刺し身　冷奴　唐揚げ　キムチ・漬物　ナッツ　など

飲む時間帯も意識しよう！

「BMAL1」(P.83参照)が増える時間は22時以降。脂肪を増やさないために、最低でも22時までには飲み終えましょう。理想は22時までに消化も終える19～20時。より体に負担がかからず、翌朝に影響しません。

やせるために食べていたら逆効果！

フルーツは劇的に太りやすい

ビタミン、ミネラルが豊富なフルーツは体によいことばかりと思われがちですが、フルーツにも「果糖」と呼ばれる糖分が多く含まれています。**実はこの果糖、糖質の中でも特に体に吸収されやすく、脂肪の増加に直結する糖質**なのです。

糖質は構造上、分子の数により単糖類、少糖類、多糖類に分類します。体に吸収されるのは最小単位の単糖まで分解した後なので、分子の数が多い多糖類の吸収速度が一番遅く、次に少糖類、はじめから最小単位の単糖類は最も速いことになります。フルーツに含まれる果糖は、まさにその単糖類に属します。**ちなみに短時間で吸収されますが、血糖値はほとんど上がりません。**なぜなら、**血糖値はブドウ糖の血中濃度のことをいうので果糖とは関係ない**からです。

しかし、果糖は肝臓内でブドウ糖に変換されるため、たとえ血糖値は上がらなくても糖尿病を進行させます。また、ほとんどが肝臓で代謝され、ダイレクトに中性脂肪に変わります。つまり、**果糖のとり過ぎ＝フルーツの食べ過ぎは、血糖値とは関係なく肥満や脂肪肝にも繋がる**ということです。

昨今、フルーツは品種改良が進み、昔よりもずっと甘くておいしくなりました。ただし、甘いということは、糖分がそれだけ含まれている証拠です。太らないためにも糖度の高いものはなるべく避けるようにし、フルーツは1日に1種類を少しだけ食べるくらいがちょうどよいでしょう。

フルーツの糖質は最も吸収されやすい！

糖質

フルーツはこれ！

単糖類

フルーツやハチミツなどに含まれるブドウ糖や果糖など。

少糖類

砂糖に含まれるショ糖、牛乳に含まれる乳糖、オリゴ糖など。

多糖類

単糖が長く繋がった糖で、いも類や穀類に含まれるでんぷんなど。

速い ← 吸収スピード → 遅い

フルーツは血糖値を上げなくても中性脂肪になる

バナナを2本食べた後の血糖値の変化

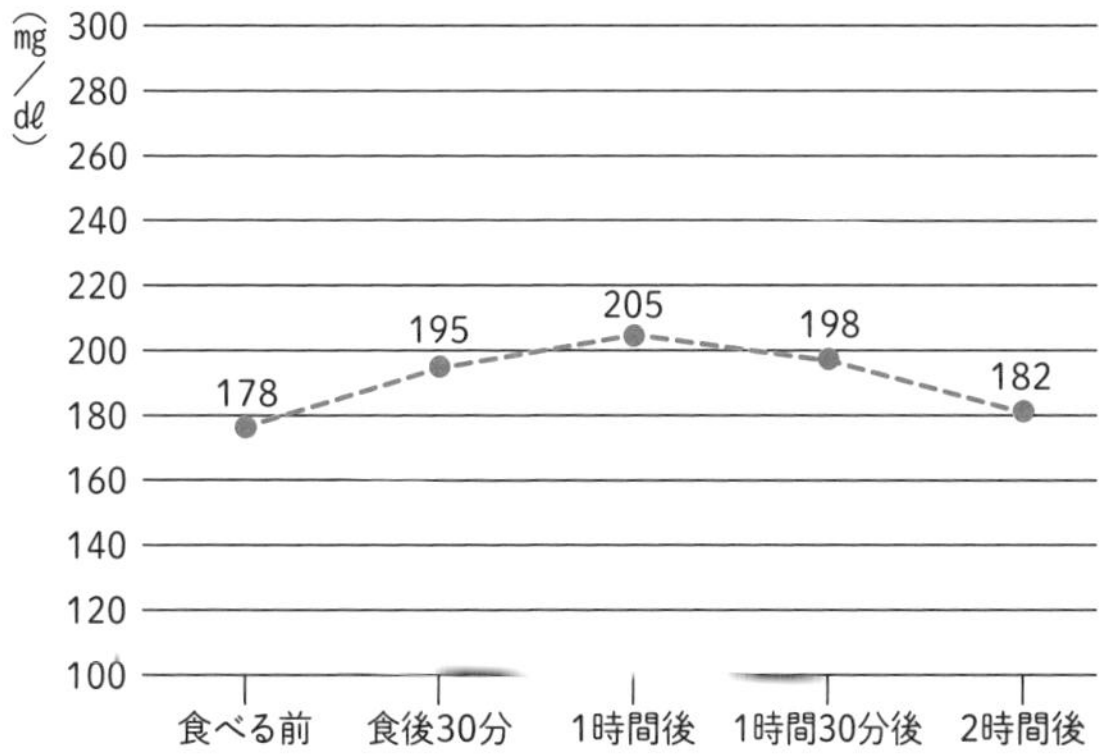

出典：栗原クリニック東京・日本橋調べ。　※60代男性の場合。

果糖が中性脂肪として蓄えられる

果糖を含むバナナはほぼ血糖値を上げない代わりに、肝臓でブドウ糖に変換された後、中性脂肪として蓄積されます。

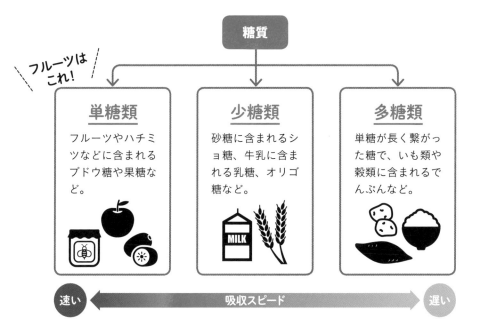

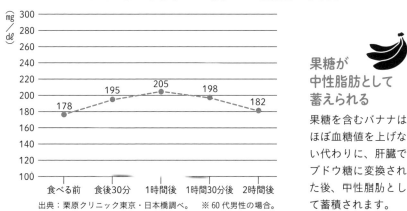

体によさそうなものも罠!?

野菜ジュースやスポーツドリンクも危険

フルーツが入っているスムージーも、糖質のとり過ぎに繋がります。スムージーはビタミンや食物繊維を手軽に摂取できるので、その点はヘルシーですが、**甘いフルーツには糖質が多く含まれているのをお忘れなく**。自分でつくるときは、**糖質の少ないフルーツを選ぶようにして、野菜を多めに加えるとよいでしょう**。

もっと注意したいのは、市販のフルーツジュースや野菜ジュース。これらには**フルーツの果糖だけでなく、飲みやすくするために糖質がさらに加えられています**。体にいいと思って気軽に飲んでいると、あっという間に糖質を過剰摂取することに。

また、スポーツドリンクなどの清涼飲料水には、「果糖《かとう》ブドウ糖液糖《とうえきとう》」という甘味料が用いられています。これは、とうもろこしやじゃがいもなどのでんぷんからつくられる甘味料で、果糖が50%以上90%未満含まれるものを指します。したがって、果糖の割合が非常に高く、甘味が強いのが特徴。特に低温では砂糖よりも甘味が強くなるので、冷やして飲む清涼飲料水などによく使われます。こういった**清涼飲料水を水分補給として飲むと、気がつかないうちに糖質をとり過ぎ、やせられない一因となっている**ことが多々見受けられます。

身近な飲み物には、意外と多くの糖質が含まれています。日頃から意識的に糖質の少ない飲み物を選ぶだけでも、やせ体質に近づく一歩となるのです。

糖質の多いフルーツに注意！

100gあたりの糖質量

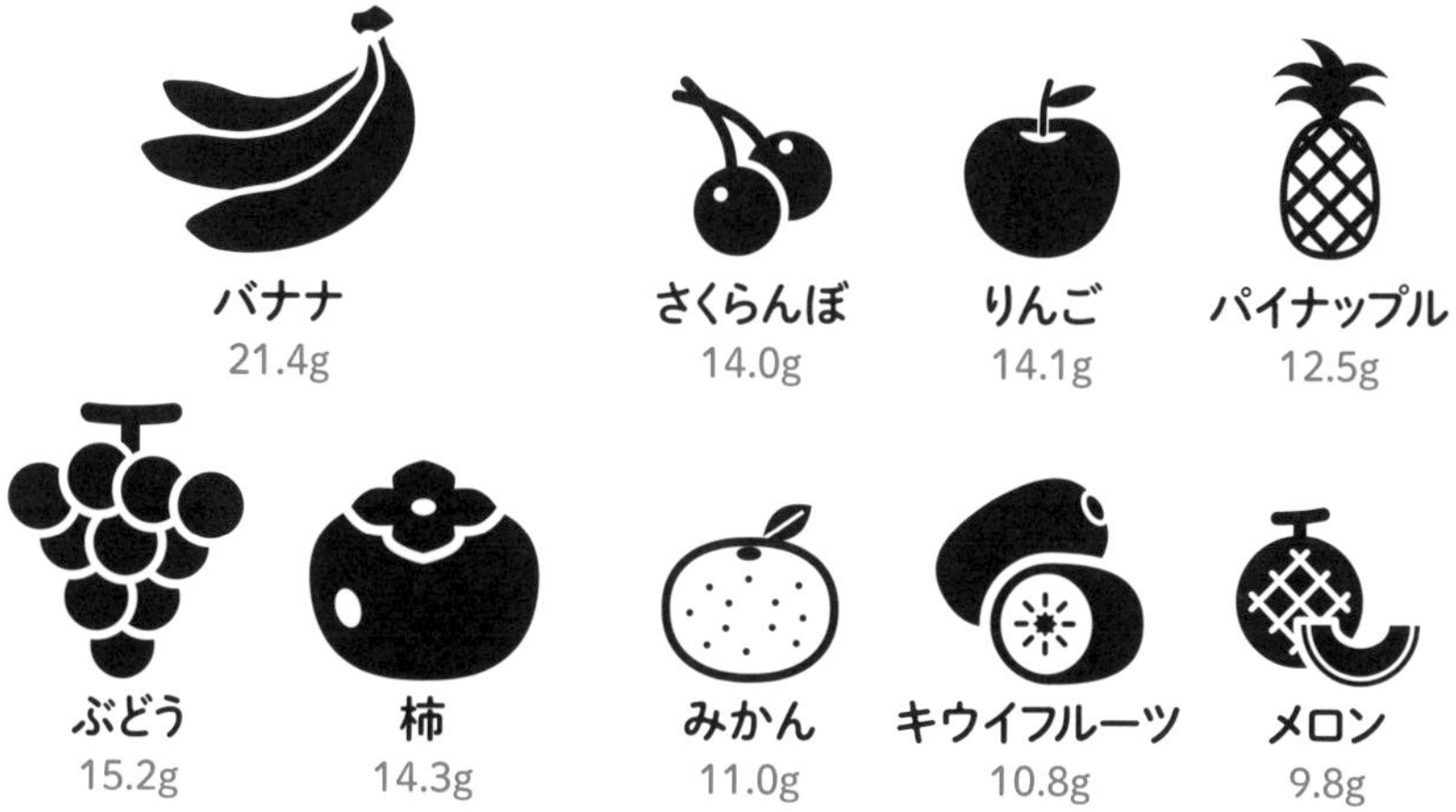

普段飲んでいるものがやせられない原因かも!?

フルーツ多めのスムージーは逆効果

フルーツには果糖という糖質が多く含まれるので、フルーツが多いと中性脂肪を増やし、太る原因に。

水分補給は糖質のないもので

一見ヘルシーなスポーツドリンクや野菜ジュースにも糖質が添加されているので注意しましょう。

PART 4

な運動が
速させる

ハードな運動は一切必要なし！
すきま時間に実践できる
簡単な運動をとり入れるだけで
やせ効果は格段にアップします。
毎日続けられるおすすめの運動に加えて
やせ体質を加速させる
生活習慣もとり入れてみましょう。

激しい
運動をしても
意味がない!?
運動は
1日たった
3分でOK!

内臓脂肪の名医が教える新常識④

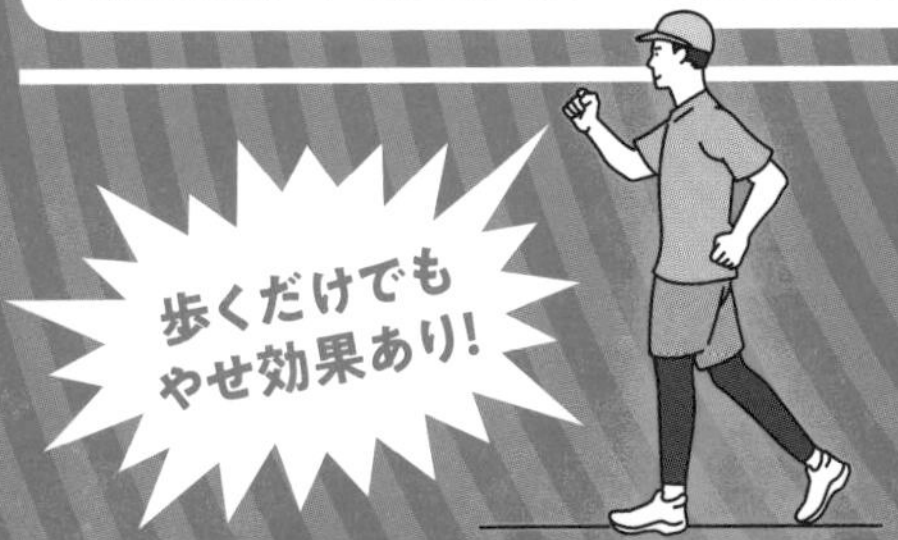
歩くだけでも
やせ効果あり!

適度
やせ体質を加

一生懸命やっても無駄!?
激しい運動は必要なし

重要なのは激しい運動より「組み合わせ」

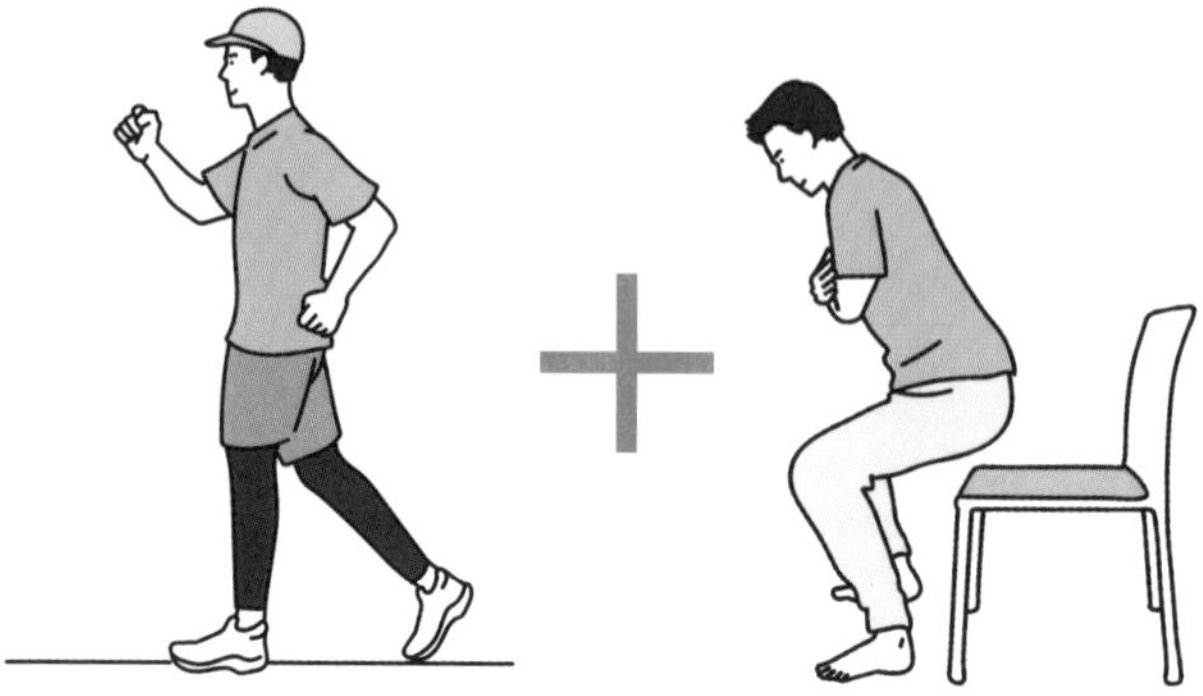

有酸素運動　＋　無酸素運動

＝

激しい運動なしでも確実にやせる!

内臓脂肪を減らすのに運動は効果的ですが、必ずしも激しい運動が必要なわけではありません。激しい運動は続けるのが難しいですし、筋肉や関節に負担がかかります。筋肉への負担が続くと回復が追いつかず、慢性疲労の状態に陥ってしまうことも。また、ハードなトレーニングで筋肉量を増やしても、中性脂肪は筋肉の中にもつきます。霜降り肉のようなもので私は「脂肪筋」と呼んでいますが、筋肉質でスリムな人に多く、見た目ではわからないのが厄介です。

脂肪を燃焼させるのは激しい運動では

2つの運動がもたらす効果

有酸素運動とは?

酸素を体にとり込みながら、ゆっくり行う運動。ウォーキング、ジョギング、水中歩行など。

脂肪を燃焼する

無酸素運動とは?

酸素を使わず、瞬間的に筋肉に大きな負荷をかける運動。短距離走や筋トレなど。

筋肉量を増やす

完璧よりも長く続けることが大切

自分のペースを守って続けられる運動を行う

やせるには継続的な運動が効果的。有酸素運動と無酸素運動を組み合わせて、無理のない範囲で続けるのがポイントです。

運動を避けたほうがよいタイミング

- **早朝**…血圧の急上昇を招きやすい
- **空腹時**…貧血や不整脈を起こす可能性がある
- **食後1時間以内**…肝臓への血流が減って負担がかかる
- **体調が優れないとき**…体調が悪化することがある

なく、むしろウォーキングやジョギングのような軽くて長時間無理なく続けられるような運動です。運動には2種類あって、1つは前述のような「有酸素運動」、もう1つは短時間で大きな負荷をかける「無酸素運動」です。筋トレやスクワットなどは無酸素運動で、瞬間的に負荷をかけて鍛えます。一方、有酸素運動は体内に酸素をとり込みながら行う運動で、ゆっくり長時間続けることで効果が上がります。

だからといって、有酸素運動だけを行えばいいのかというとそうではありません。やせるには、両方の運動が必要。有酸素運動は脂肪を燃焼させますが、無酸素運動は筋肉量を増やし、基礎代謝を上げて太りにくくする効果があるからです。つまり、2つの運動を組み合わせることがやせ体質への近道なのです。

お腹や腕よりも効果大！
鍛えるべきは下半身の筋肉

やせる最短ルートは筋肉を増やすこと

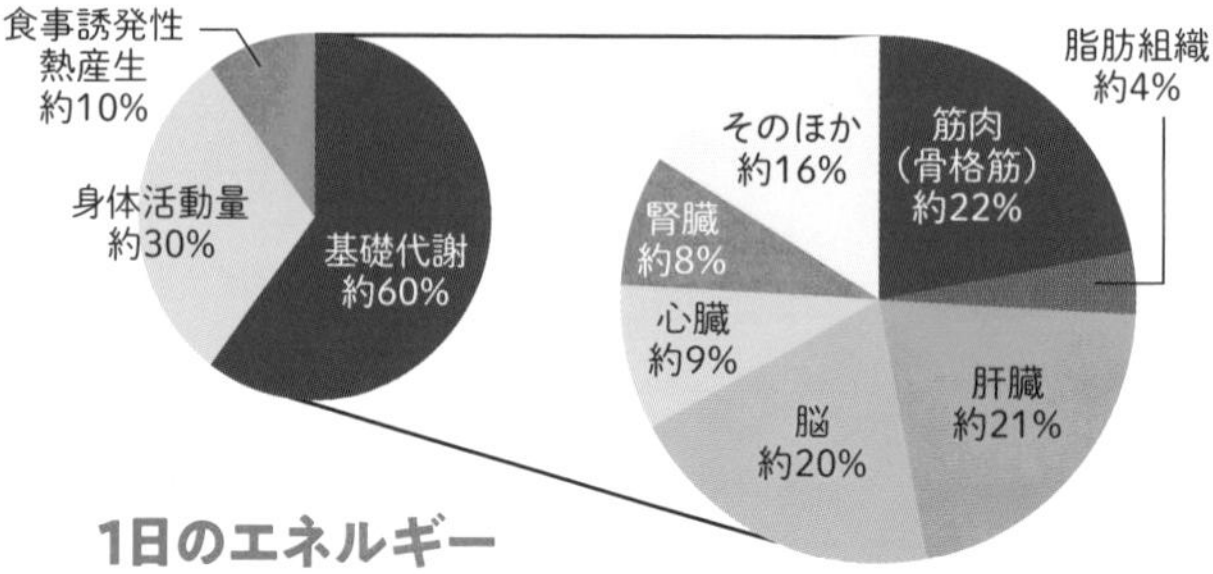

1日のエネルギー消費量の割合　基礎代謝の割合

出典：厚生労働省「日本人の食事摂取基準（2020年度版）」をもとに作成。

筋肉が消費するエネルギー量が最も多い

エネルギー消費＝脂肪を燃焼させること。つまり、やせるためにはエネルギー消費量が最も多い筋肉を増やすことが効果的です。

私たちの体は脂肪をエネルギーとして消費しながら活動しています。脳のほか、肝臓、心臓などの内臓が働く際にもエネルギーを消費しますが、体の中で一番多くエネルギーを使うのが筋肉です。基礎代謝とは、体温の維持や呼吸など、人が生きていくうえで最低限必要なエネルギーのことを指します。基礎代謝における筋肉の割合は約22％と最も高くなっており、筋肉が多いほどたくさんの脂肪を消費しているのです。

このことからもわかるように、筋肉量を増やすことはやせることに直結します。

筋肉量が多い下半身を鍛えよう

ハムストリングス

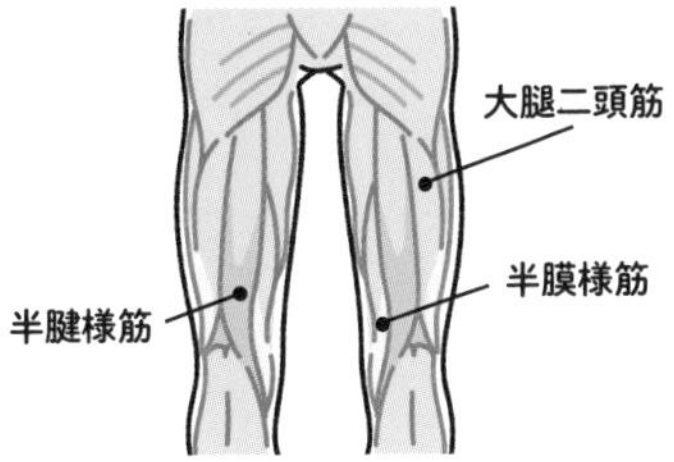

大腿四頭筋

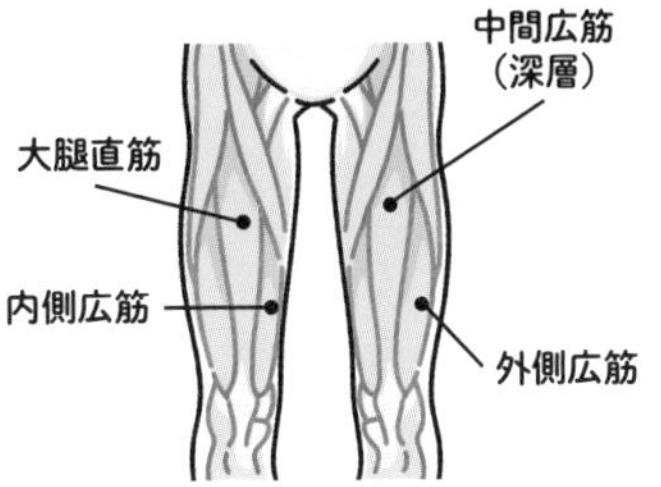

臀筋

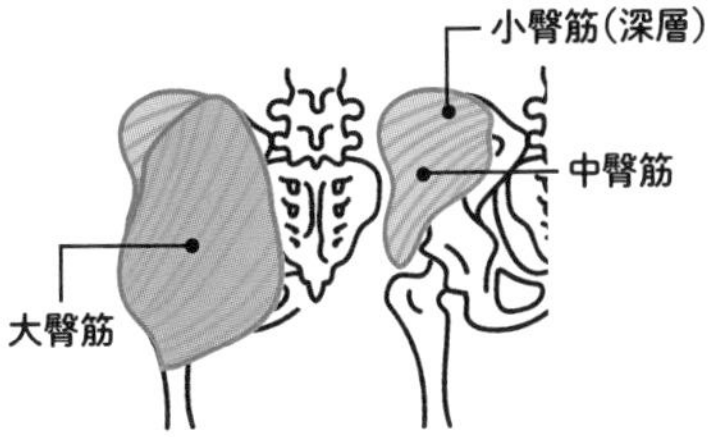

全身の筋肉の約7割が下半身に集中している

下半身には全身の筋肉の約7割がついているため、下半身を鍛えるスクワットなどの筋トレはやせるためにも有効です。

実際、筋肉量が多い人ほど基礎代謝量は高いと考えられており、体脂肪が多くて筋肉量が少ない女性は、男性に比べて基礎代謝量が低い傾向にあります。では、どのようにして筋肉量を増やせばよいのでしょうか。

そこで注目したいのが下半身の筋肉。下半身には巨大な筋肉がいくつもあり、全身の筋肉の約7割が集中しています。ですから、**下半身の筋肉を鍛えれば、最も効率的に筋肉量を増やせる**のです。

方法としておすすめするのが「スクワット」です。簡単にどこでも行え、運動に慣れていない人でも無理なくできる優れもの。太ももの前方にある大腿四頭筋、その後ろ側にあるハムストリングス、お尻の大臀筋といった筋肉を、まんべんなく鍛えられます。

さらに基礎代謝アップ！

「第二の心臓」ふくらはぎを鍛える

ふくらはぎにも、下腿三頭筋という大きな筋肉がついています。下腿三頭筋とは腓腹筋とヒラメ筋の2つで構成される筋肉で、体にとって大切な役割を果たしています。

人間の血液は立っているときも座っているときも、重力によって下半身に滞りがちになります。その血液を心臓や脳へと下から上へポンプのように押し上げる働きをするのが、「第二の心臓」とも呼ばれるふくらはぎにある下腿三頭筋です。下半身を動かすと、ふくらはぎは伸びたり縮んだりして、筋肉が収縮したときに血管が圧迫され、血液を押し上げます。

また、脚の静脈内にはいくつもの弁があり、ふくらはぎの筋肉が緩んだときに押し上げた血液が逆流しない仕組みにもなっているのです。これを、ふくらはぎの「筋ポンプ作用」といいます。

下半身には体の約7割の血液が集まっています。それを重力に逆らって押し上げなければならないので、このポンプ機能が正常に働くよう下腿三頭筋を鍛えておくことが重要です。ポンプ機能が活発になると全身の血流がよくなり、さらには基礎代謝もアップ。つまり、脂肪を燃焼しやすくなり、太りにくい体になるということです。

下腿三頭筋も、誰でもできる簡単なエクササイズで鍛えられます。この筋肉をしっかり鍛えておくと、運動機能も上がって活動的になるので、その点でもやせやすくなるといえるでしょう。

ふくらはぎで鍛えるべき筋肉はここ！

ふくらはぎの筋肉（下腿三頭筋）

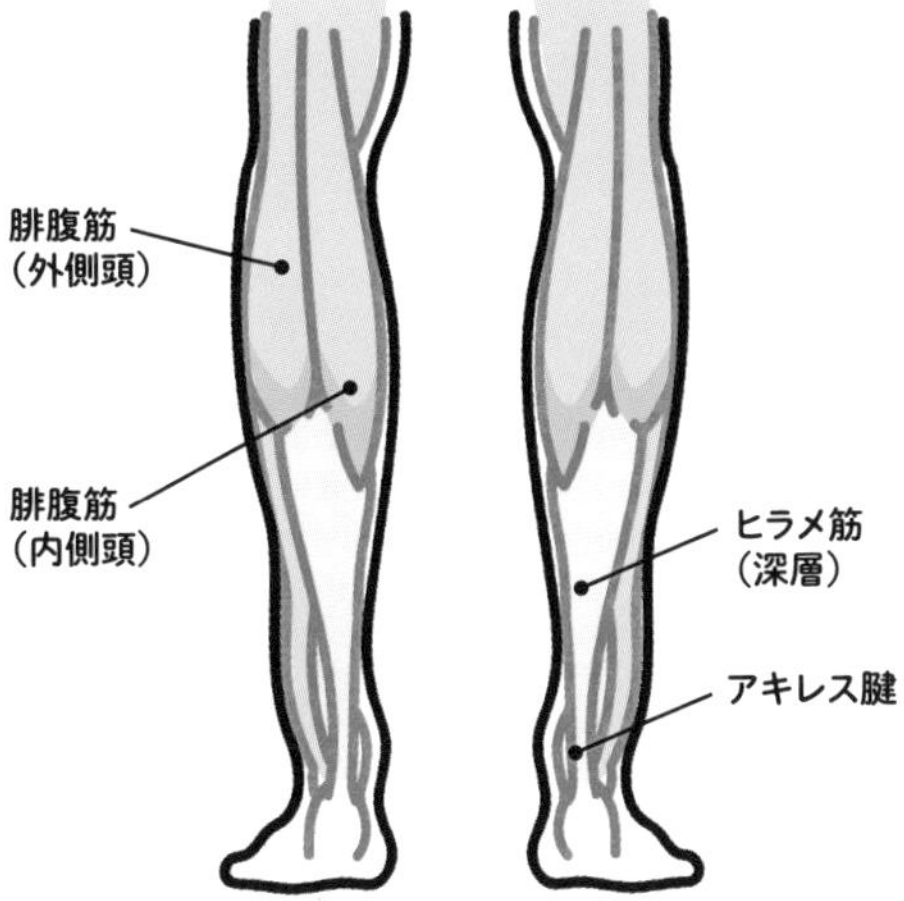

ふくらはぎにも大きな筋肉がある

太ももに加えてふくらはぎにも大きな筋肉があり、鍛えることで血流がよくなり基礎代謝がアップ。運動機能も上がって活動的に。

ふくらはぎを鍛えてやせ体質に！

下半身の血液を心臓へ戻す

下半身には体の約7割の血液が集中し、その血液を心臓に押し戻すのがふくらはぎの筋肉。ここを鍛えるとポンプ機能が活発になり血流もアップ。

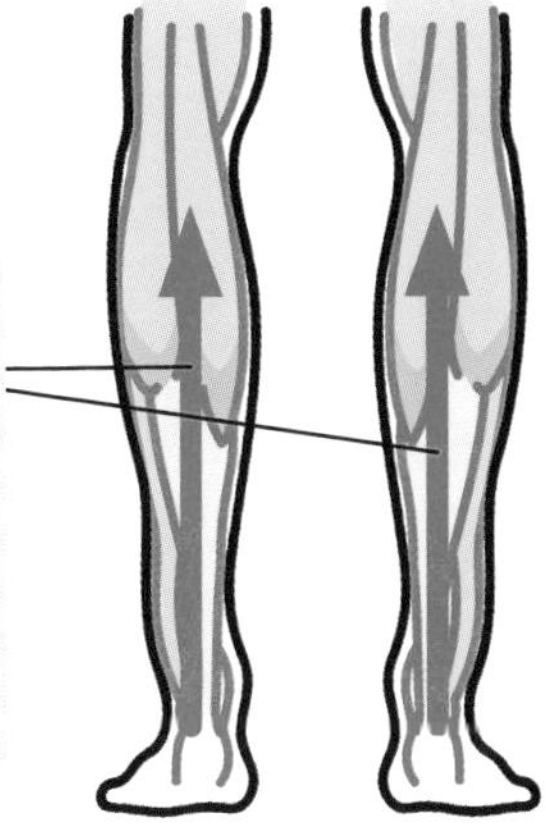

ふくらはぎを鍛えてポンプ機能がアップ

↓

血行がよくなり代謝が上がる

↓

やせやすい体になる！

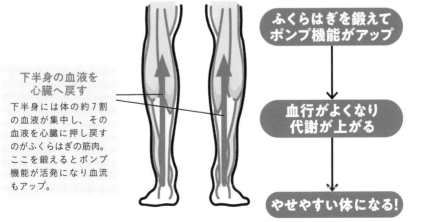

やせる体をつくる筋トレ①

すわるスクワット

体の中で一番大きい太ももやお尻の筋肉を簡単に鍛える方法です。
朝と夜に行うだけで、集中的に下半身を強化できます。

5回で1セット

朝と夜に1セットずつ行う

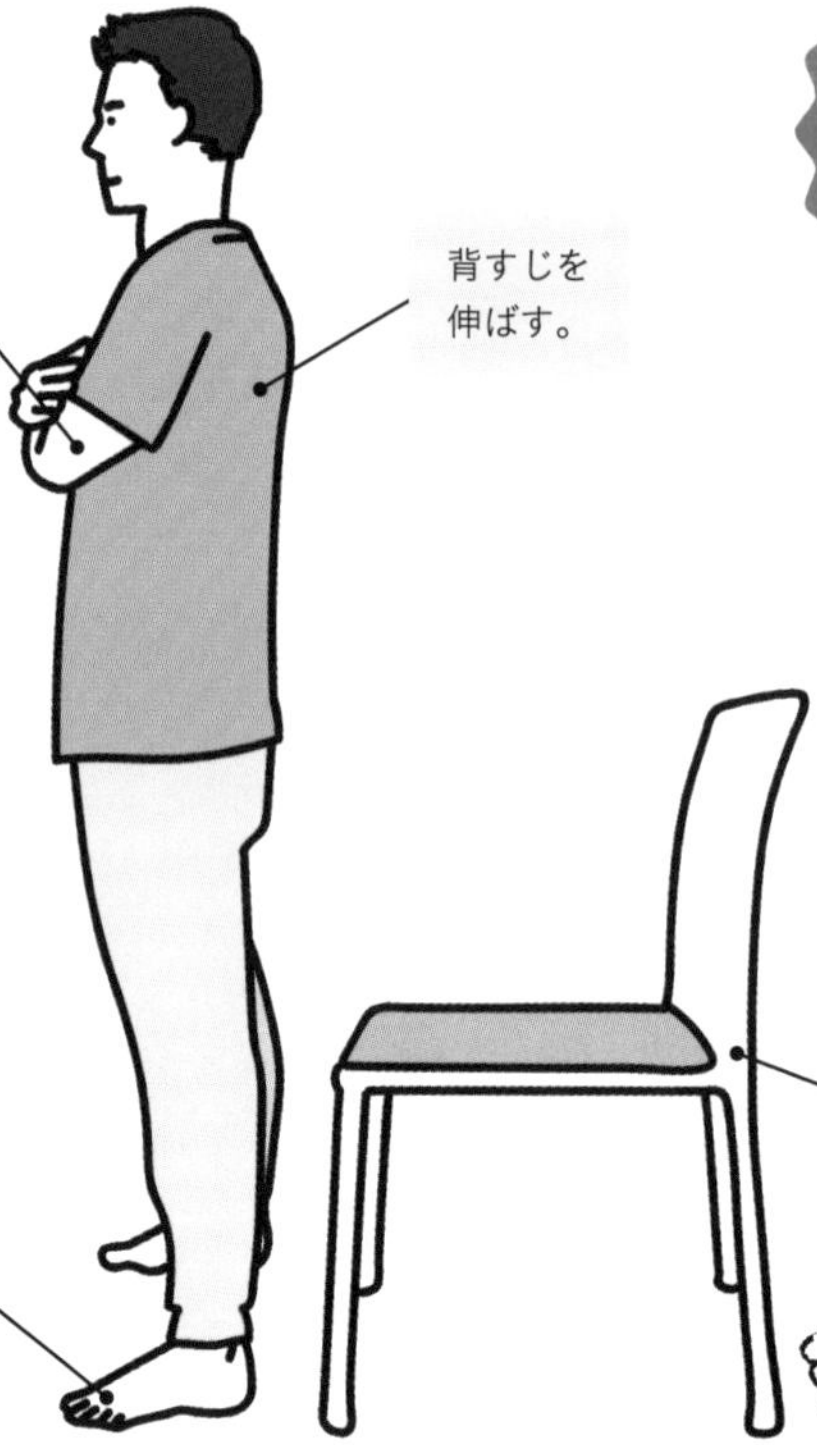
腕を胸の前で組む。
つま先は前に向ける。
イスは座面がひざより低く、キャスターがついていないものを用意する。

太ももとお尻を鍛える!

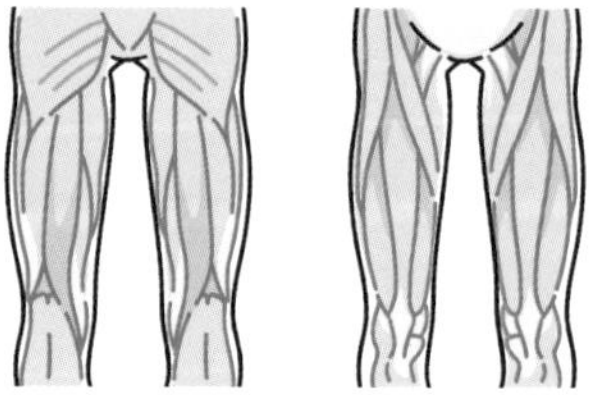

1

イスの前に立って背すじを伸ばし、胸の前で腕を組む。足は肩幅より広めに開く。

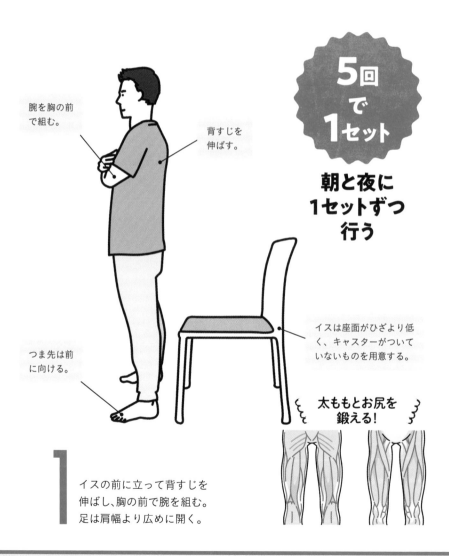

POINT 太もも〜お尻、腹筋に力を入れることを意識するように。呼吸は止めず、自然呼吸で行うこと。負荷が軽いと感じる人は少しずつ回数を増やしていきましょう。

2 お尻を突き出しながらゆっくりとひざを曲げ、太ももがイスにつく前で止めて10秒間姿勢をキープ。

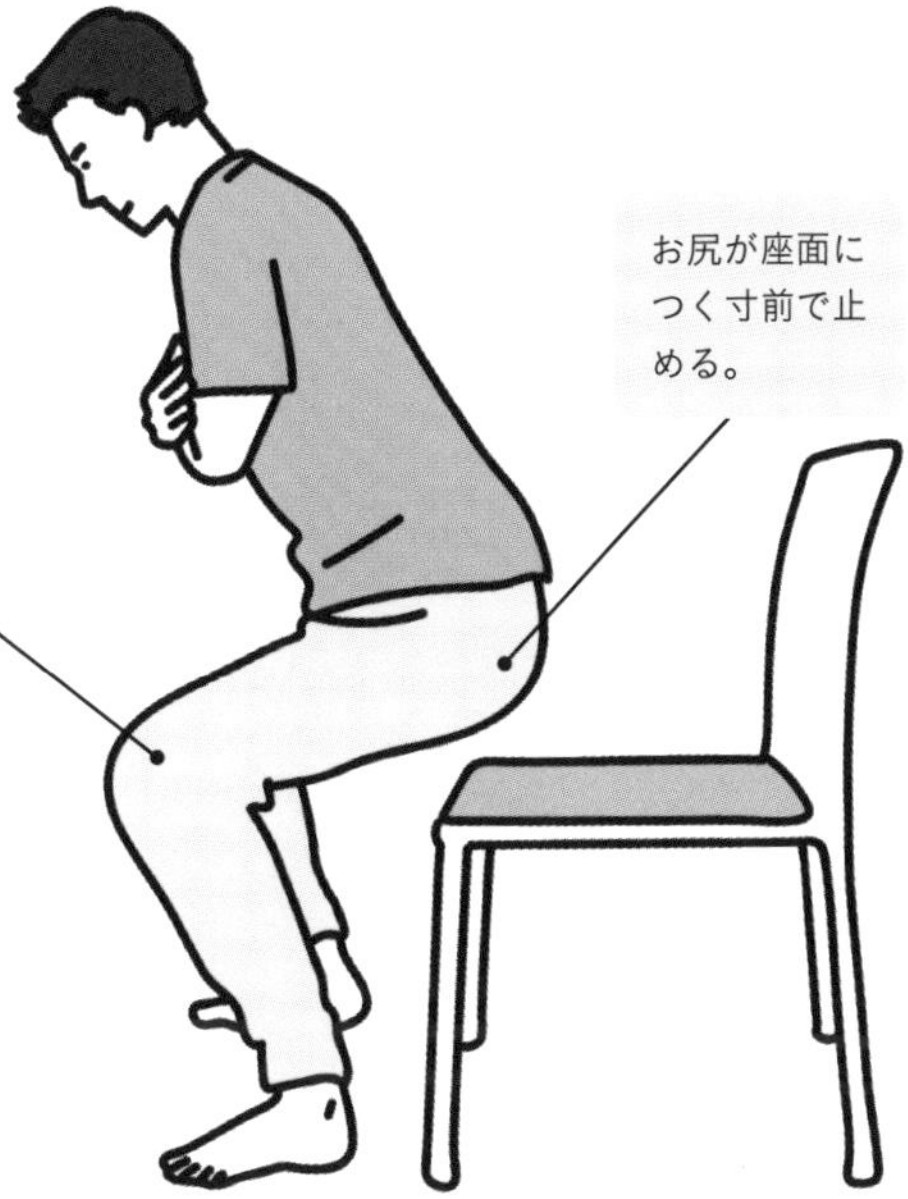
ひざがつま先より前に出ないようにする。

3 10秒経ったら、イスに座って脚の力を抜き、10秒間休む。休んだらゆっくり立ち上がる。また1〜3を5回繰り返す。

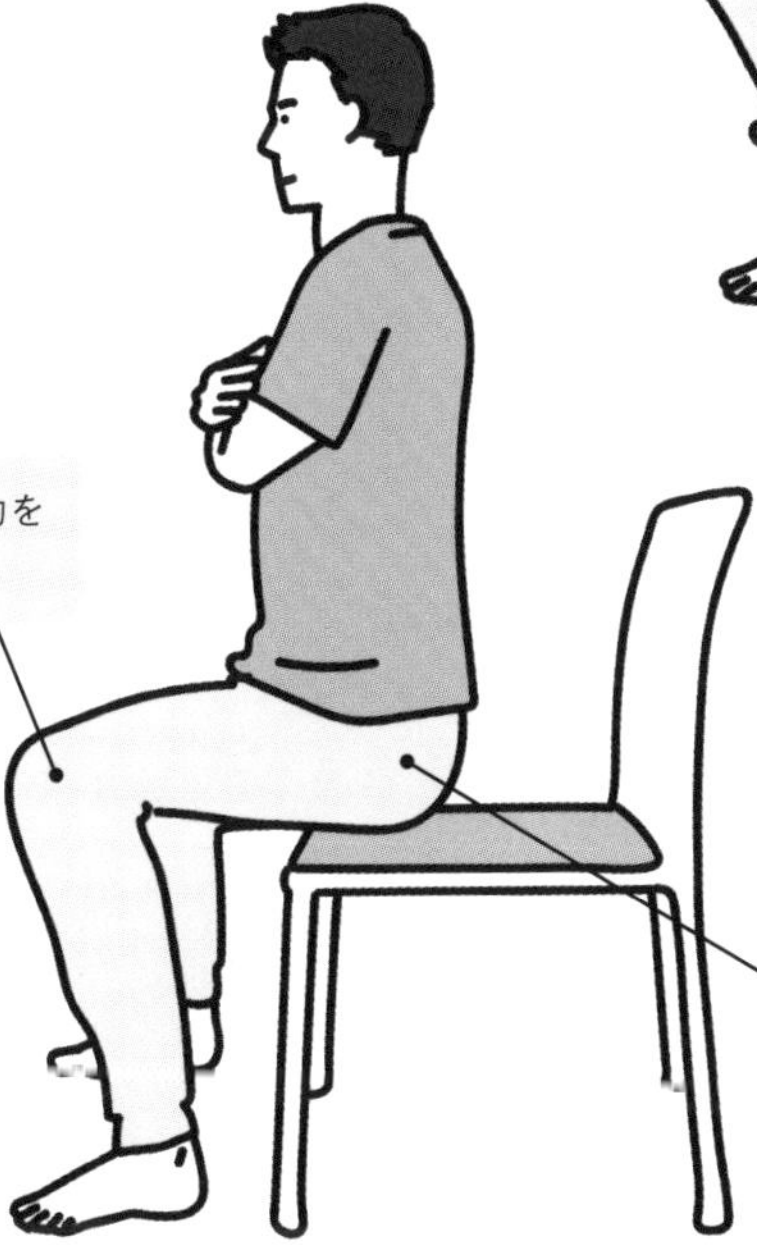
脚の力を抜く。
イスに浅くすわる。

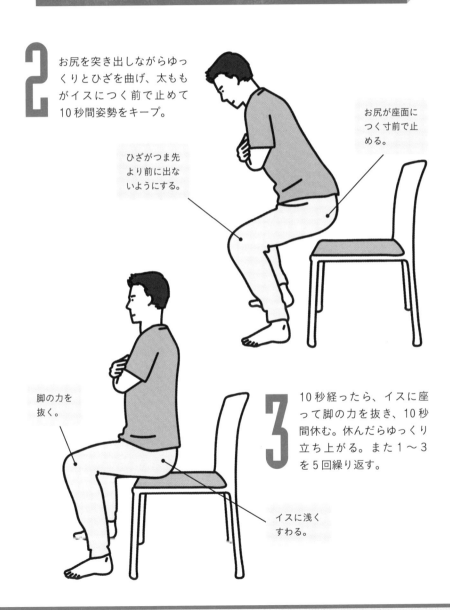

やせる体をつくる筋トレ②

ヒールレイズ

いつでもどこでも手軽にできる、ふくらはぎを鍛えるエクササイズです。
長時間デスクワークをして、足がむくんだときにもおすすめ。

10回で1セット

朝と夜に1セットずつ行う

ふくらはぎを鍛える!

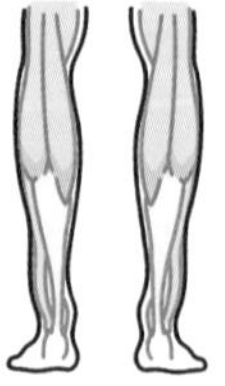

1

ひじを伸ばした状態でイスの背もたれなどに手をかけ、背すじを伸ばして立つ。

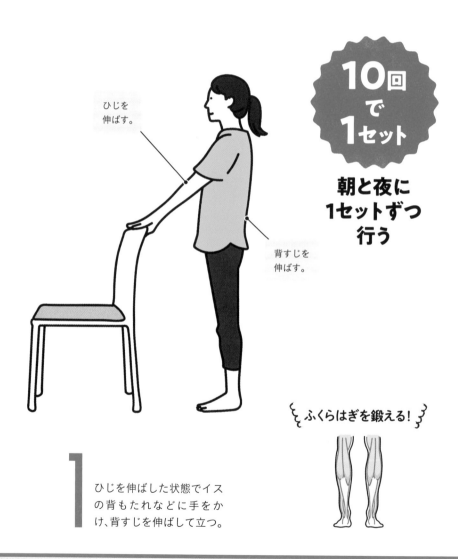

POINT かかとを地面につけないところがポイント。また、かかとはできるだけ高く上げると効果的なので、足幅を調節してやりやすい足の位置を見つけましょう。

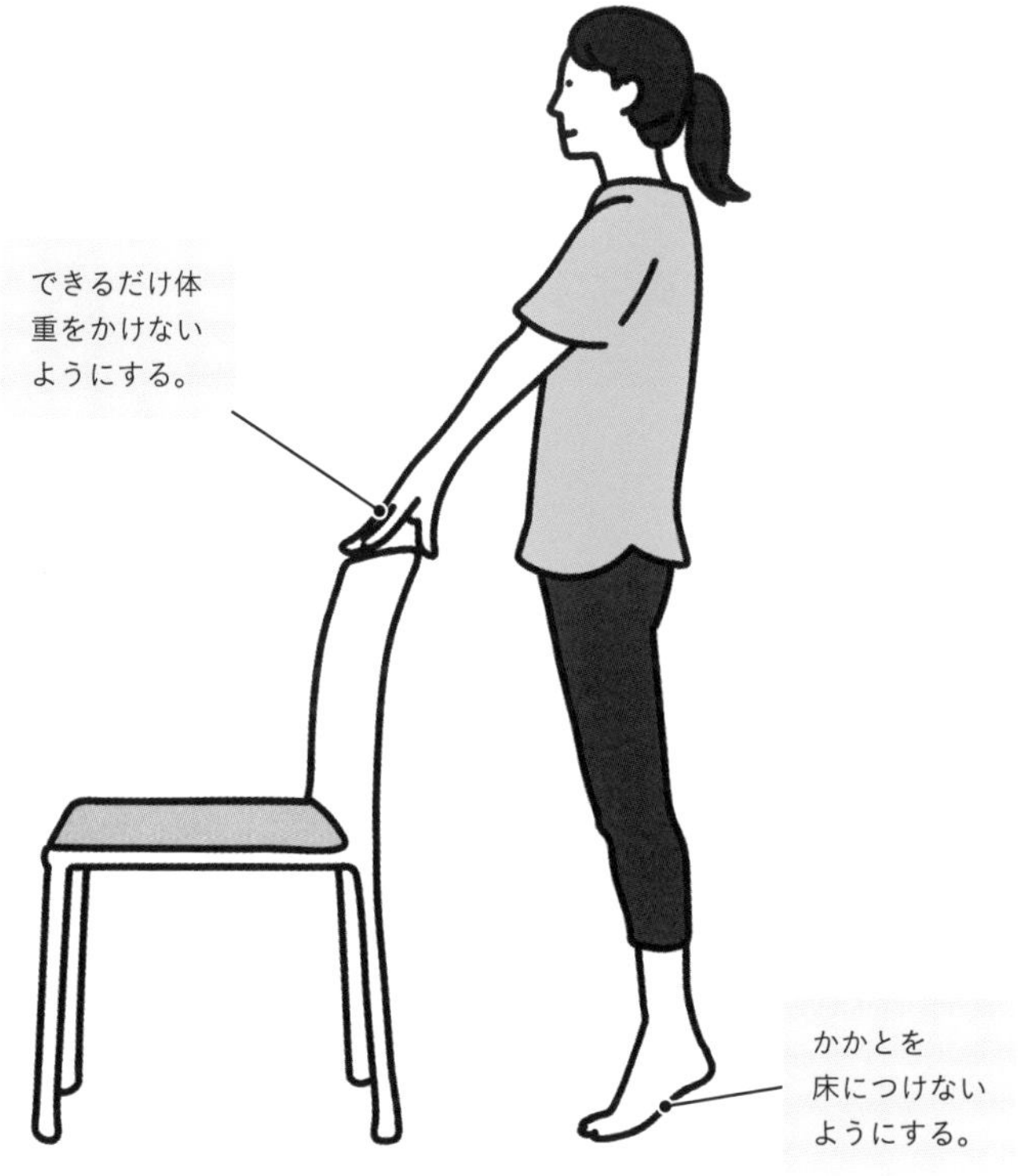
できるだけ体重をかけないようにする。
かかとを床につけないようにする。

2 4秒かけてかかとを上げ、4秒かけて床から1㎝くらいのところまで下げる。これを10回繰り返す。

実は驚くほど効果がある！
歩くだけでも立派な運動に

手軽に始められる有酸素運動といえば、ウォーキング。好きな時間に好きな場所を歩くだけでいいので、忙しい人も運動が苦手な人もすぐに実践できます。ウォーキングには特に道具も必要ありませんが、歩くときの姿勢や歩き方にコツがあるので、覚えておくと効果もアップします。

まず第一に、背すじをまっすぐ伸ばして歩くこと。デスクワークなどをしていると背中が丸くなる猫背の姿勢になりがちですが、猫背のまま歩くと腕が十分に振れず、スムーズに足が運べなくなります。必ず猫背の姿勢は正し、目線を前に向けて胸を張り、お腹に少し力を入れるようにして歩きましょう。

歩き方については、**歩幅をいつもより広くとるようにします。そうすることで自然と歩くスピードも速まります**。無理に速足で歩く必要はありませんが、速度が遅過ぎても効果は上がりません。リズミカルな速さで、少し汗ばむ程度がちょうどよいペース。つま先だけでなく足の裏全体を使って歩くようにするのも大切です。かかとから着地し、つま先全体で地面を蹴るようにして進みましょう。

以上のことに気をつけて、1日20分を目標にウォーキングを始めてみてください。20分が難しい場合は、10分からでもOK。少しずつ体を慣らしていきましょう。また、ウォーキングと無酸素運動のスクワットを組み合わせて行うとより効果的です。相乗効果で、脂肪の燃焼効果がさらに促進されます。

今すぐできる！ やせる歩き方

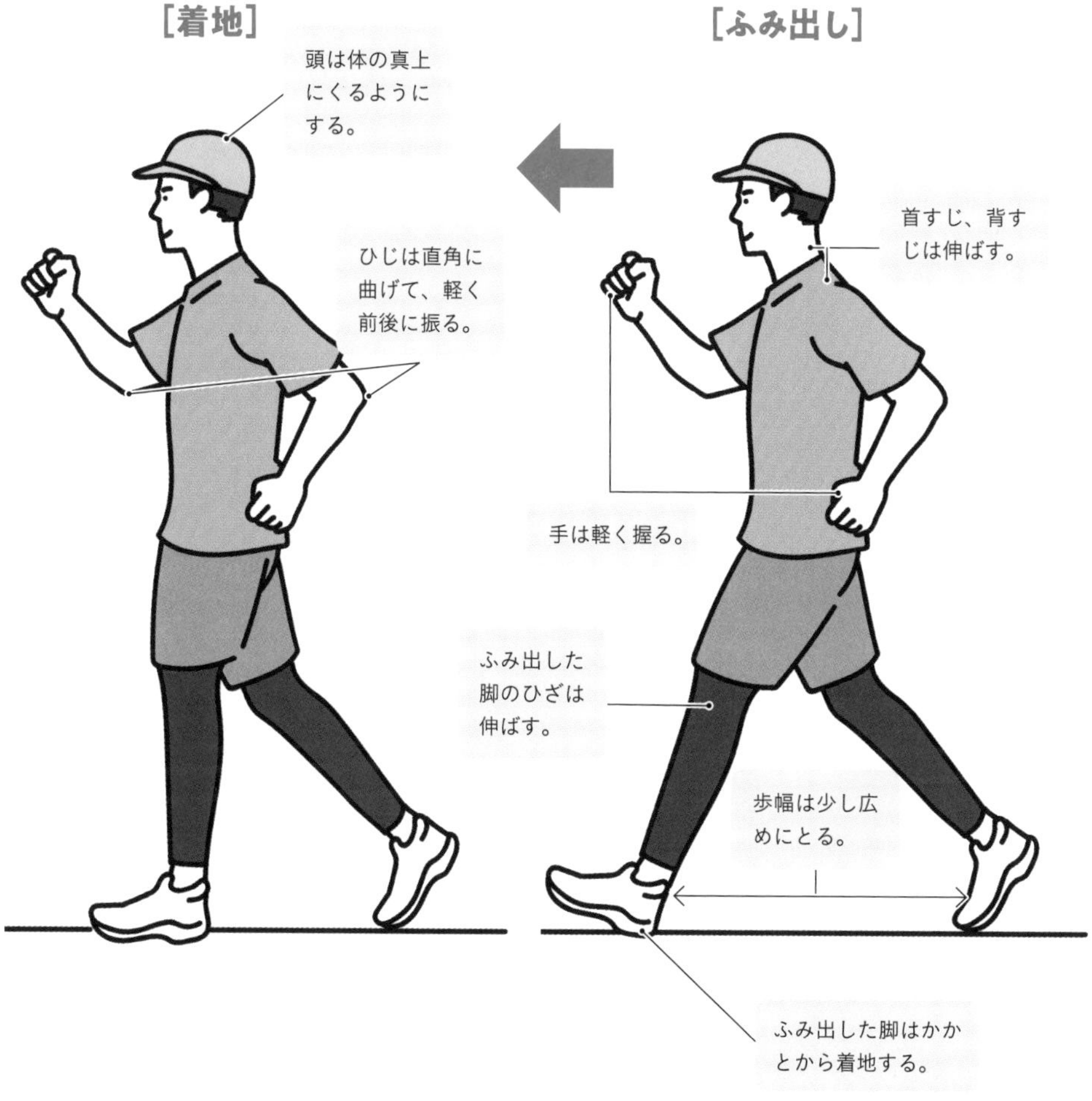
［着地］
［ふみ出し］
頭は体の真上にくるようにする。
ひじは直角に曲げて、軽く前後に振る。
首すじ、背すじは伸ばす。
手は軽く握る。
ふみ出した脚のひざは伸ばす。
歩幅は少し広めにとる。
ふみ出した脚はかかとから着地する。

1回20分以上を目標にウォーキングしよう

有酸素運動は開始20分後くらいから脂肪の燃焼が始まります。できれば1回20分以上のウォーキングを週3回行いましょう。有酸素運動を習慣化し、無酸素運動のスクワットも行うことで、効果も高まります。

毎日の習慣を変えるだけ！

やせるお風呂の入り方

ゆっくりお風呂に浸かることも、体が温まって血流がよくなり、代謝を上げる効果があります。特に適温のお湯であれば、血管が拡張して血圧が下がったり、リラックス効果で自律神経が整ったりといった作用もあり、入浴には様々なメリットがあります。シャワーだけで済まさず、毎日お風呂に入って体を温めるようにしましょう。

ただし、お風呂の入り方にも気をつけておきたい点がいくつかあります。例えば、お湯の温度。熱過ぎると、反対に血圧が上昇するので注意してください。また、42度以上だと心臓や肝臓に負担がかかってしまいます。**38～40度くらいのぬるめのお湯に15分程度、肩まで浸かるようにしましょう**。熱くなったらのぼせ防止に、半身浴に切り替えてもいいでしょう。しっかり全身が温まったら、最後にシャワーの水で足首を冷やしてみてください。温度差で血管が刺激されて、血液を押し出すポンプの作用が高まり、血流がさらにアップします。入浴中は汗をかいて体の水分が失われるので、入浴前後は忘れずに水分補給を心がけましょう。

ちなみに、**お風呂に入るのは就寝の約1時間前がベストタイミング**。就寝時間になると眠りのホルモンである「メラトニン」の作用で体温が下がり、自然と眠くなります。お風呂で温まった体がちょうど冷めてくる1時間後に床につけば、メラトニンの眠り効果を十分に得ることができます。

全身浴で血流が改善して代謝が上がる

お湯の温度は38〜40度に
約15分間全身で浸かる
出る前に足首をシャワーで冷やす
入浴は就寝の1時間前までに
入浴前後はしっかり水分補給
シャワーだけで済ませるのはNG

これもおすすめ！

入浴の際には、ドラックストアなどでも購入できる「重炭酸入浴剤」を使うのがおすすめです。血管を拡張するNO（一酸化窒素）の産生を促し、血流を改善させるので、湯冷めしにくくなります。

やせるのは寝ている時間！

質のよい睡眠がやせ体質へ導く

人間の体は寝ている間に分泌されるホルモンによって、日中の活動で傷ついた血管の修復・メンテナンスが行われます。そのため、睡眠不足だと血液に老廃物がたまり、代謝が低下したり、ホルモンバランスが乱れたりといったトラブルが体の中で起こってきます。そうなると肥満にもなりやすく、糖尿病や脂肪肝にも繋がりかねません。

また**睡眠時間が短いと、脂肪細胞から分泌される食欲を抑制するホルモンの「レプチン」が低下し、反対に胃の細胞から分泌される食欲を増進するホルモンの「グレリン」が増加することがわかっています**。つまり、睡眠不足によるホルモン異常で食欲が否応なく増し、太りやすくなるのです。

これらのことからも、きちんと睡眠をとることはやせるためには不可欠です。もちろん健康のためにも必要で、体を横にするだけで肝臓に流れ込む血液が30%もアップし、肝臓がリフレッシュされます。では、寝れば寝るほど体によいのかというと、寝過ぎても自律神経やホルモンバランスが崩れるので逆効果。**大切なのは、睡眠時間よりも睡眠の質です**。

質のよい睡眠とは、ひとことでいえばぐっすり眠ること。普段から熟睡できない人は、一度寝室の環境を見直してみましょう。寝具や照明を変えるだけでも睡眠の質は向上します。また、寝る前はスマートフォンやパソコンを見ないこと。ブルーライトは睡眠ホルモンの分泌を妨げ、眠気を遠ざけます。

眠りやすい環境をつくろう！

布団はこまめに干し、寝具は定期的に洗う
照明は目に優しい白熱灯がおすすめ
スマートフォンなどは就寝1～2時間前にオフ
リラックスできるアロマをとり入れる
落ち着く音楽を小さい音でかける
枕は体に負担のかからないものに

＼ これもおすすめ！ ／

朝、牛乳を飲むと睡眠の質がアップ。牛乳にはトリプトファンという成分が含まれ、それが日中は脳内でセロトニンになり、夜は睡眠を促すメラトニンに変わります。

メンタル&ストレスも大敵！
自律神経を整えればやせ体質に

自律神経は内臓の働きや代謝、体温など体のあらゆる機能を24時間体制でコントロールしている司令塔です。この自律神経が乱れると、胃腸の働きが弱まったり、代謝が落ちたりすることで体に脂肪をため込みやすくなります。

自律神経には交感神経と副交感神経があり、アクセルとブレーキの役割を果たしています。活動が活発な日中はアクセルである交感神経が優位に。心拍数や血圧が上昇して、体はいわば興奮状態です。一方、夜や就寝前のリラックス状態では、ブレーキである副交感神経が優位になり、心拍数や血圧が下がることで自然と眠りにつけます。このように、自律神経はバランスよく働くことが理想ですが、様々な原因によるストレスから、とかく乱れがち。それが太ることとも関係しています。

実際、肥満の人は副交感神経が働きにくく、腸を動かす力が低下して腸内環境が悪化している傾向があります。また、交感神経が過剰に優位になる状態が続くと、血管が収縮して血流が悪化。消化不良や体の冷えを引き起こします。その結果、新陳代謝も低下してやせにくい体になってしまいます。

乱れた自律神経を整えるには、ストレスをため込まないことが一番です。とはいえ、ストレスをゼロにするのは不可能なので、上手な解消法を見つけましょう。規則正しい生活や適度な運動、趣味を持つことなどもストレス解消に繋がります。

自律神経を整えなければやせられない！

自律神経とは？

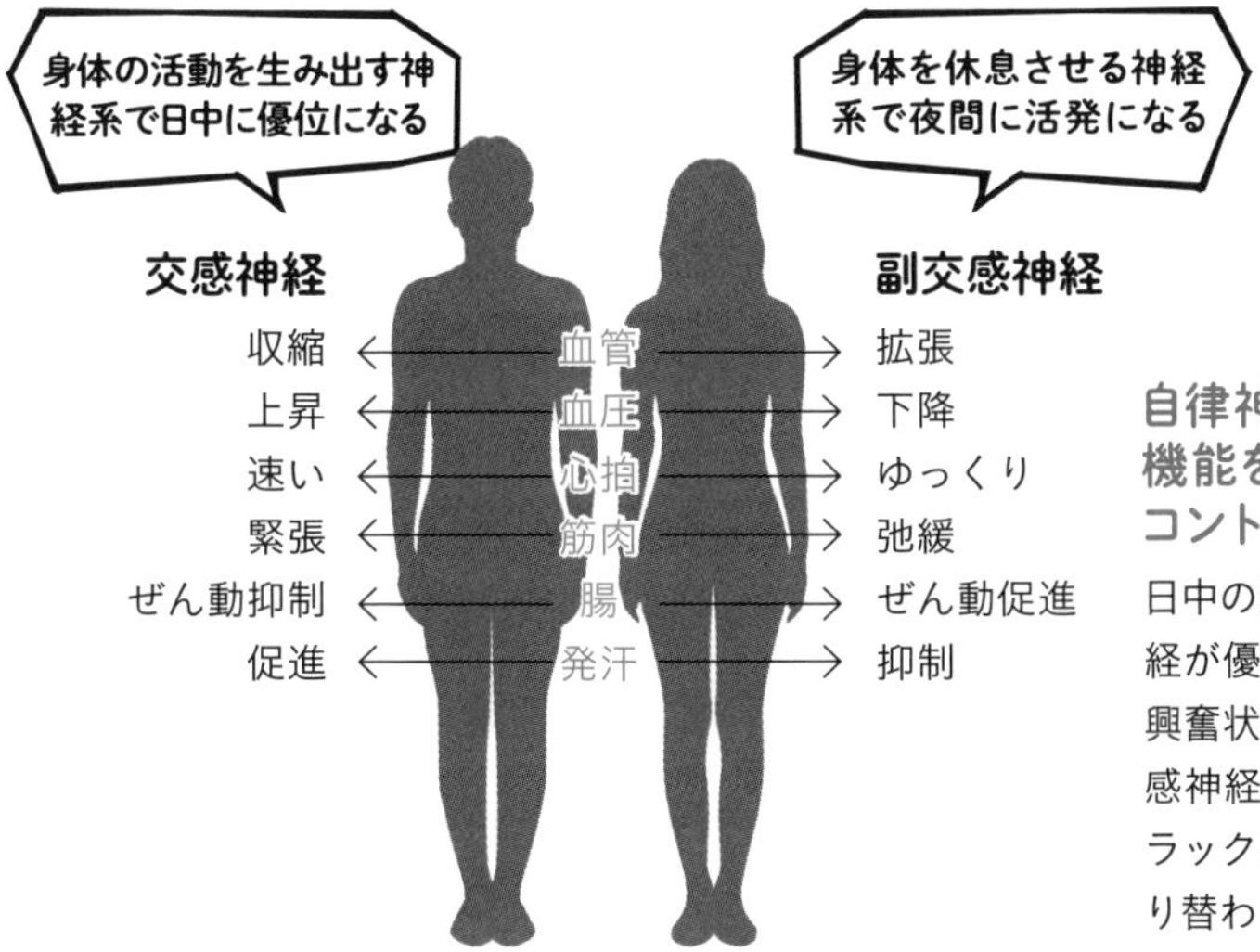

自律神経が体の機能を24時間コントロール

日中の活動時は交感神経が優位になり心身が興奮状態に。夜は副交感神経が優位になりリラックスした状態に切り替わります。

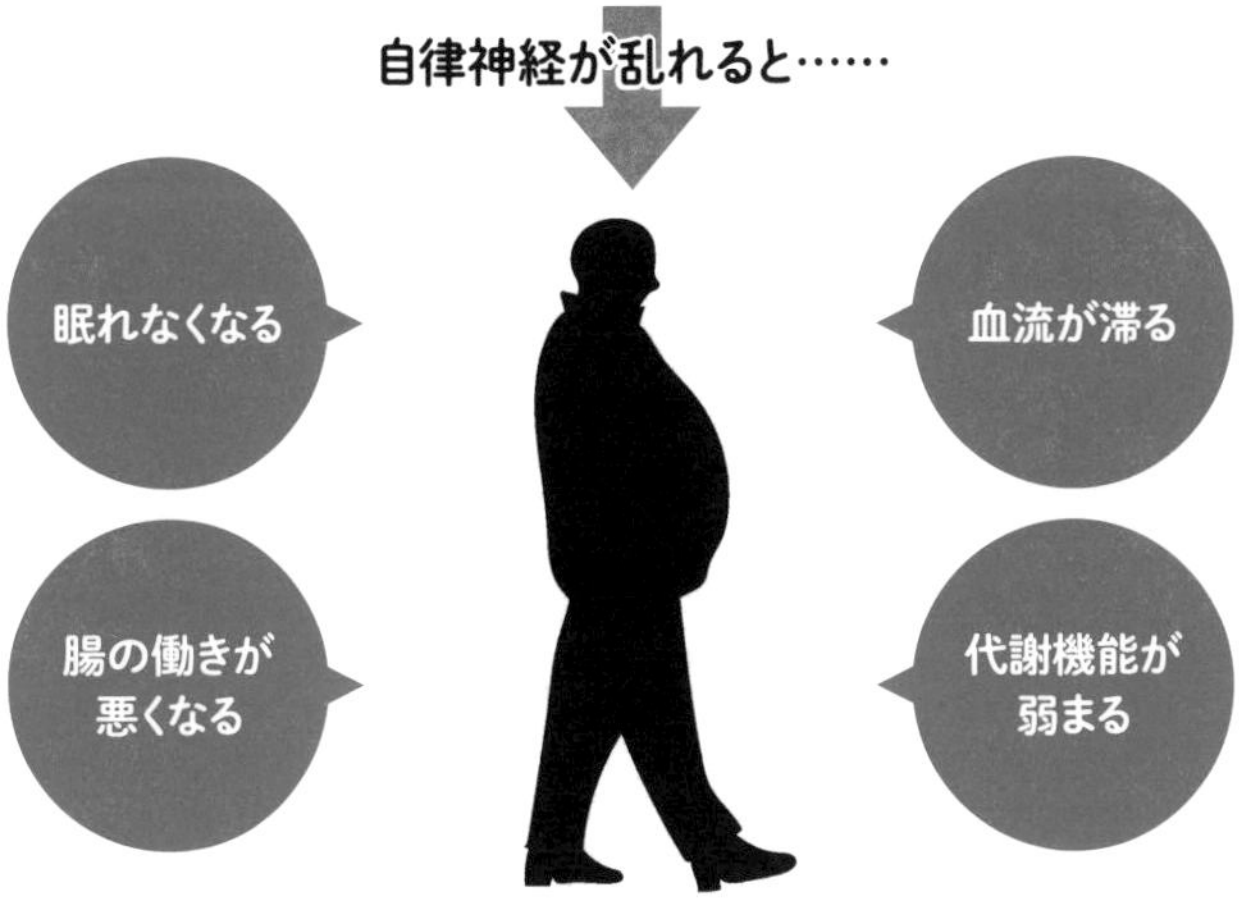

どちらか一方が優位になってはダメ！
やせるためには自律神経のバランスが重要。

column

高カカオチョコレートのほかにもある!

やせる&健康効果を高めるポリフェノールが豊富な食品

カカオポリフェノール以外にも様々なポリフェノールがあります。
ここでは、やせる&健康効果のあるポリフェノールが豊富な食材を紹介します。
持続時間が短いため、2～4時間の間隔でこまめに摂取するのがポイントです。

やせる&健康効果のあるポリフェノールが豊富な食品

ジンゲロールが代謝機能を活性!

しょうが

クロロゲン酸が脂肪燃焼を促進!

コーヒー

タンニンが生活習慣病を予防!

赤ワイン

ルチンが動脈硬化を防ぐ!

アスパラガス

クルクミンが肝機能を向上!

ウコン
(ターメリック)

アントシアニンが眼精疲労を緩和!

ブルーベリー

糖質ちょいオフ用!

食品に含まれる栄養素一覧

口にする機会の多い食材を中心に、「糖質ちょいオフで積極的に食べたいもの」と「糖質ちょいオフで量を減らしたいもの」の2つの項目に分けて、栄養素を一覧にしました。本書（P.84）で紹介した「糖質ちょいオフ」を実践する際の参考にしてみてください。

糖質ちょいオフで 積極的に食べたいもの

ジャンル	食品名	重量	糖質(g)	たんぱく質(g)	脂質(g)	塩分(g)	食物繊維(g)	カロリー(kcal)
肉類	豚バラ(脂身つき・生)	100g	0.1	14.4	35.4	0.1	0	366
	豚もも(生)	100g	0.2	22.1	3.6	0.1	0	119
	豚ヒレ(赤身・生)	100g	0.3	22.2	3.7	0.1	0	118
	豚ひき肉(生)	100g	0.1	17.7	17.2	0.1	0	209
	豚ロース(脂身つき・生)	100g	0.2	19.3	19.2	0.1	0	248
	豚肩ロース(脂身つき・生)	100g	0.1	17.1	19.2	0.1	0	237
	生ハム(豚・促成)	30g	0.2	7.2	5.0	0.8	0	73
	鶏むね(若どり・皮つき・生)	100g	0.1	21.3	5.9	0.1	0	133
	鶏もも(若どり・皮つき・生)	100g	0	16.6	14.2	0.2	0	190
	鶏ささみ(若どり・生)	100g	0.1	23.9	0.8	0.1	0	98
	鶏ひき肉(生)	100g	0	17.5	12.0	0.1	0	171
	手羽(若どり・皮つき・生)	100g	0	17.8	14.3	0.2	0	189
	手羽もと(若どり・皮つき・生)	100g	0	18.2	12.8	0.2	0	175
	牛もも(脂身つき・生)	100g	0.5	19.2	16.1	0.1	0	235
	牛ヒレ(赤身・生)	100g	0.3	19.1	15.0	0.1	0	207
	牛ひき肉(生)	100g	0.3	17.1	21.1	0.2	0	251
	サーロイン(脂身つき・生)	100g	0.3	11.7	47.5	0.1	0	460
魚介類	真あじ(開き・焼き)	100g	0.1	24.6	12.3	2.0	0	194
	うるめいわし(小サイズ・生)	60g	0.2	12.8	2.9	0.1	0	74
	ぶり(生)	60g	0.2	12.8	10.6	0.1	0	133
	くろまぐろ(刺し身)	100g	0.1	26.4	1.4	0.1	0	115
	さんま(皮なし・生)	100g	0.2	17.8	25.0	0.3	0	277
	塩さば(加工品)	60g	0.1	15.7	11.5	1.1	0	158
	紅鮭(生)	80g	0.1	18.0	3.6	0.1	0	102

糖質ちょいオフ用! 食品に含まれる栄養素一覧

ジャンル	食品名	重量	糖質(g)	たんぱく質(g)	脂質(g)	塩分(g)	食物繊維(g)	カロリー(kcal)
魚介類	めかじき(生)	100g	0.1	19.2	7.6	0.2	0	139
	春かつお(生)	100g	0.1	25.8	0.5	0.1	0	108
	銀だら(生)	100g	0	13.6	18.6	0.2	0	210
	かます(生)	100g	0.1	18.9	7.2	0.3	0	137
	ほっけ(開き干し・生)	100g	0.1	20.6	9.4	1.8	0	161
	するめいか(刺し身)	100g	0.1	17.9	0.8	0.5	0	76
	まだこ(生)	100g	0.1	16.4	0.7	0.7	0	70
	あまえび(生)	100g	0.1	19.8	1.5	0.8	0	85
	釜揚げしらす	30g	0	5.3	0.5	0.6	0	25
	あさり(生)	100g	0.4	6.0	0.3	2.2	0	27
	ほたてがい(生)	100g	1.5	13.5	0.9	0.8	0	66
	しじみ(生)	60g	2.7	4.5	0.8	0.2	0	32
	うなぎ(蒲焼き)	100g	3.1	23.0	21.0	1.3	0	285
	さばの缶詰(水煮)	80g	0.2	16.7	8.6	0.7	0	139
卵類	鶏卵(生)	50g	0.2	6.1	5.1	0.2	0	71
大豆・大豆製品	木綿豆腐	100g	0.4	7.0	4.9	0	1.1	73
	絹ごし豆腐	100g	1.1	5.3	3.5	0	0.9	56
	生揚げ	100g	0.2	10.7	11.3	0	0.7	143
	油揚げ	30g	0	7.0	10.3	0	0.4	113
	生湯葉	50g	1.7	10.9	6.9	0	0.4	109
	納豆	50g	2.7	8.3	5.0	0	3.4	95
	がんもどき	50g	0.1	7.7	8.9	0.3	0.7	112
	きな粉(全粒大豆)	15g	1.6	5.5	3.9	0	2.7	68
	豆乳	200g	5.8	7.2	4.0	0	0.4	126

ジャンル	食品名	重量	糖質(g)	たんぱく質(g)	脂質(g)	塩分(g)	食物繊維(g)	カロリー(kcal)
大豆・大豆製品	無調整豆乳	200g	5.8	7.2	4.0	0	0.4	88
	凍り豆腐（乾燥）	15g	0.2	7.6	5.1	0	0.4	74
	おから（乾燥）	50g	4.4	11.6	6.8	0	21.8	167
牛乳・乳製品	牛乳	200g	9.6	6.6	7.6	0.2	0	122
	ヨーグルト（無糖）	100g	4.9	3.6	3.0	0.1	0	56
	プロセスチーズ	20g	0.3	4.5	5.2	0.6	0	63
	カマンベールチーズ	20g	0.2	3.8	4.9	0.4	0	58
	モッツァレラチーズ	20g	0.8	3.7	4.0	0	0	54
	パルメザンチーズ	5g	0.1	2.2	1.5	0.2	0	22
ナッツ類	アーモンド（いり・無塩）	10g	1.0	2.0	5.4	0	1.1	61
	落花生（大粒種・いり）	10g	1.0	2.5	5.0	0	1.1	61
	くるみ（いり）	10g	0.4	1.5	6.9	0	0.8	71
	ピスタチオ（いり・味付け）	10g	1.2	1.7	5.6	0.1	0.9	62
	マカダミアナッツ（いり・味付け）	10g	0.6	0.8	7.7	0.1	0.6	75
	ヘーゼルナッツ（フライ・味付け）	10g	0.7	1.4	6.9	0	0.7	70
葉野菜	キャベツ	50g	1.7	0.7	0.1	0	0.9	11
	レタス	50g	0.8	0.3	0.1	0	0.6	6
	サニーレタス	50g	0.6	0.6	0.1	0	1.0	8
	ほうれん草	50g	0.2	1.1	0.2	0	1.4	9
	水菜	50g	0.9	1.1	0.1	0.1	1.5	12
	白菜	50g	0.9	0.4	0.1	0	0.7	7
	葉ねぎ	20g	0.7	0.4	0.1	0	0.6	6
	小ねぎ	20g	0.6	0.4	0.1	0	0.5	5
	しそ（葉）	10g	0.1	0.4	0	0	0.7	3

ジャンル	食品名	重量	糖質(g)	たんぱく質(g)	脂質(g)	塩分(g)	食物繊維(g)	カロリー(kcal)
葉野菜	ニラ	30g	0.4	0.5	0.1	0	0.8	5
	小松菜	50g	0.2	0.8	0.1	0	1.0	7
	チンゲン菜	50g	0.4	0.3	0.1	0.1	0.6	5
	春菊	30g	0.2	0.7	0.1	0.1	1.0	6
	セロリ	50g	1.0	0.2	0.1	0.1	0.8	6
	アスパラガス	50g	1.1	1.3	0.1	0	0.9	11
	ブロッコリー	50g	0.7	2.7	0.3	0	2.6	19
	カリフラワー	50g	1.1	1.5	0.1	0	1.5	14
	根みつ葉	10g	0.1	0.2	0	0	0.3	2
	クレソン	10g	0	0.2	0	0	0.3	1
	せり	30g	0.2	0.6	0	0	0.8	5
海藻類	わかめ(生)	20g	0.4	0.4	0	0.3	0.7	5
	カットわかめ(乾燥)	0.5g	0	0.1	0	0.1	0.2	1
	焼きのり	3g	0.2	1.2	0.1	0	1.1	9
	ひじき(鉄釜・乾燥)	3g	0.1	0.3	0.1	0.1	1.6	6
	あおさ(素干し)	5g	0.6	1.1	0	0.5	1.5	10
	ところてん	100g	0	0.2	0	0	0.6	2
	もずく(塩抜き)	50g	0	0.1	0.1	0.1	0.7	2
	めかぶわかめ(生)	50g	0	0.5	0.3	0.2	1.7	7
きのこ類	えのきたけ	100g	3.7	2.7	0.2	0	3.9	34
	ぶなしめじ	100g	1.8	2.7	0.5	0	3.0	26
	まいたけ	100g	0.9	2.0	0.5	0	3.5	22
	エリンギ	100g	2.6	2.8	0.4	0	3.4	31
	マッシュルーム	100g	0.1	2.9	0.3	0	2.0	15

糖質ちょいオフで

量を減らしたいもの

ジャンル	食品名	重量	糖質(g)	たんぱく質(g)	脂質(g)	塩分(g)	食物繊維(g)	カロリー(kcal)
米類	白米	100g	35.6	2.5	0.3	0	1.5	156
	玄米	100g	32.9	4.1	1.0	0	1.4	156
	もち米	50g	21.6	1.8	0.3	0	0.4	94
パン類	山型食パン	50g	46.1	7.8	3.5	1.3	1.8	123
	あんパン	100g	49.7	7.0	3.8	0.3	3.3	266
	クリームパン	100g	47.0	7.9	7.4	0.4	1.3	286
	メロンパン	100g	58.2	8.0	10.5	0.5	1.7	349
麺類	中華めん(生)	100g	50.3	8.6	1.2	1.0	5.4	249
	うどん(生)	100g	53.2	6.1	0.6	2.5	3.6	249
	生パスタ	100g	45.4	7.8	1.9	1.2	1.5	232
	そば(生麺)	100g	48.5	9.8	1.9	0	6.0	271
いも類	じゃがいも	100g	8.4	1.8	0.1	0	8.9	59
	さつまいも	100g	29.7	1.2	0.2	0	2.2	126
	さといも	100g	10.8	1.5	0.1	0	2.3	53
	やまいも	100g	21.2	4.5	0.5	0	1.4	108
根菜類	玉ねぎ	50g	3.4	0.5	0.1	0	0.8	17
	にんじん	50g	3.2	0.4	0.1	0.1	1.2	15
	かぼちゃ	50g	4.1	0.8	0.1	0	1.4	21
	れんこん	50g	6.8	1.0	0.1	0.1	1.0	33
	ごぼう	50g	4.8	0.9	0.1	0	2.9	29
果物	バナナ	100g	21.4	1.1	0.2	0	1.1	93
	りんご	100g	14.1	0.1	0.2	0	1.4	53
	ぶどう	100g	15.2	0.4	0.1	0	0.5	58
	かき	100g	14.3	0.4	0.2	0	1.6	63

糖質ちょいオフ用！ 食品に含まれる栄養素一覧

ジャンル	食品名	重量	糖質(g)	たんぱく質(g)	脂質(g)	塩分(g)	食物繊維(g)	カロリー(kcal)
果物	さくらんぼ	100g	14.0	1.0	0.2	0	1.2	64
	マンゴー	100g	15.6	0.6	0.1	0	1.3	68
	もも	100g	8.9	0.6	0.1	0	1.3	38
調味料	米みそ・甘みそ	15g	4.9	1.5	0.5	0.9	0.8	31
	濃口しょう油	15g	1.2	1.2	0	2.2	0	11
	薄口しょう油	15g	0.9	0.9	0	2.4	0	9
	上白糖	15g	14.9	0	0	0	0	59
	マヨネーズ（全卵型）	15g	0.5	0.2	11.4	0.3	0	100
	トマトケチャップ	15g	3.8	0.2	0	0.5	0.3	16
	ウスターソース	15g	4.0	0.2	0	1.3	0.1	18
	本みりん	15g	6.5	0	0	0	0	36
お菓子	ポテトチップス	50g	25.3	2.4	17.6	0.5	2.1	271
	ソフトビスケット（クッキー）	50g	30.6	2.9	13.8	0.3	0.7	256
	せんべい（しょう油）	50g	83.3	7.3	1.0	1.3	0.6	184
	チョコレート（ホワイト）	100g	50.3	7.2	39.5	0.2	0.6	588
	どら焼き（こしあん）	100g	56.9	6.6	3.1	0.3	1.5	282
	ショートケーキ（果実なし）	100g	41.7	6.9	15.2	0.2	0.6	318
	シュークリーム	80g	25.2	6.0	11.4	0.2	0.3	169
	レアチーズケーキ	100g	22.2	5.8	27.5	0.5	0.3	349
	プリン	100g	14.0	5.7	5.5	0.2	0	116
	コーヒーゼリー	100g	10.3	1.6	0	0	0	43
清涼飲料水	コーラ	200g	22.8	0.2	0	0	0	92
	サイダー	200g	20.4	0	0	0	0	82
	オレンジジュース（濃縮還元）	200g	21.0	1.4	0.2	0	0.4	92

出典：食品成分データベースをもとに作成

栗原クリニック東京・日本橋院長

栗原 毅（くりはら・たけし）

1951 年、新潟県生まれ。北里大学医学部卒業。前東京女子医科大学教授、前慶應義塾大学大学院教授。現在は栗原クリニック東京・日本橋院長を務める。日本肝臓学会専門医。治療だけでなく予防にも力を入れている。「血液サラサラ」を命名したひとり。『お茶のすごい健康長寿力 高血糖、高血圧、肥満、内臓脂肪から免疫力、認知症、不眠、イライラまで効く！』（主婦の友社）、『中性脂肪減 × 高血圧改善 × 動脈硬化予防 1 日 1 杯 血液のおそうじスープ』（アスコム）など監修書・著書多数。

参考文献

『図解で改善！ズボラでもラクラク! 1週間で脂肪肝はスッキリよくなる』（著者 栗原毅・三笠書房）
『内科医と歯科医が教える 病気知らずの食べ方みがき方』（監修 栗原毅・日東書院本社）
『その効果に専門家が驚いた 内臓脂肪を落とす方法 BEST5』（監修 栗原毅・笠倉出版社）
『Dr. 栗原のチョコ健康法 内臓脂肪はチョコレートで落ちる！』（監修 栗原毅・アントレックス）
※このほかにも、多くの書籍や Web サイトを参考にしております。

STAFF

編集	森田有紀、塩屋雅之、矢ヶ部鈴香（オフィスアビ）
編集協力	菅原夏子
	栗原丈徳（栗原ヘルスケア研究所・歯科医師）
イラスト	kabu（S-cait）
装丁・デザイン	森田篤成、小倉誉菜（I'll products）
校閲	聚珍社

1週間《いっしゅうかん》で勝手《かって》に痩《や》せていく体《からだ》になるすごい方法《ほうほう》

2023 年 1 月10日　第 1 刷発行
2024 年10月 1 日　第19刷発行

著　者	栗原《くりはら》 毅《たけし》
発行者	竹村 響
印刷所	株式会社光邦
製本所	株式会社光邦
発行所	株式会社日本文芸社 〒100-0003　東京都千代田区一ツ橋 1-1-1 パレスサイドビル 8F

乱丁・落丁などの不良品、内容に関するお問い合わせは
小社ウェブサイトお問い合わせフォームまでお願いいたします。
ウェブサイト　https://www.nihonbungeisha.co.jp/

Printed in Japan 112221221-112240920 Ⓝ 19　(230052)
ISBN 978-4-537-22059-9
（編集担当：上原）